当代英语教学发展与教师职业素养培养的研究

孟佳莹 著

北京工业大学出版社

图书在版编目（CIP）数据

当代英语教学发展与教师职业素养培养的研究 / 孟佳莹著. — 北京：北京工业大学出版社，2022.8
ISBN 978-7-5639-8413-8

Ⅰ．①当… Ⅱ．①孟… Ⅲ．①英语－教学研究 Ⅳ．① H319.3

中国版本图书馆 CIP 数据核字（2022）第 180492 号

当代英语教学发展与教师职业素养培养的研究
DANGDAI YINGYU JIAOXUE FAZHAN YU JIAOSHI ZHIYE SUYANG PEIYANG DE YANJIU

著　　者：	孟佳莹
责任编辑：	刘卫珍
封面设计：	知更壹点
出版发行：	北京工业大学出版社
	（北京市朝阳区平乐园 100 号　邮编：100124）
	010-67391722（传真）　bgdcbs@sina.com
经销单位：	全国各地新华书店
承印单位：	唐山市铭诚印刷有限公司
开　　本：	710 毫米 ×1000 毫米　1/16
印　　张：	10.25
字　　数：	205 千字
版　　次：	2023 年 4 月第 1 版
印　　次：	2023 年 4 月第 1 次印刷
标准书号：	ISBN 978-7-5639-8413-8
定　　价：	72.00 元

版权所有　翻印必究

（如发现印装质量问题，请寄本社发行部调换 010-67391106）

作者简介

孟佳莹，渤海大学讲师。任教期间讲授《新编实用英语》《新视野大学英语》等多门课程，发表期刊及会议论文共19篇，主持、参与多项省级课题。

前　言

英语在当今世界中具有独特的地位。在经济全球化日趋激烈的当代，英语作为全世界最为广泛使用的语言，有助于各国之间的信息沟通与交流，达到"通事"之目的；进而有助于各国合力构建人类命运共同体，促进全球治理体系变革。因此，英语教学在当今世界起着举足轻重的作用。一方面，英语教学是为了培养学生应对当前和未来现实生活的能力，提高他们在就业市场的竞争性、稳定性和成就感；另一方面，英语教学也是教育现代化的必然要求，是提高国民素质、培养世界公民、强化学生经济全球化意识、提升主权国家国际事务参与程度和构建人类命运共同体的必然要求。英语教师的职业素养和英语教学的质量息息相关，本书就从英语教学发展与教师职业素养培养两个方面来进行研究。

在撰写本书的过程中，作者得到了许多专家学者的帮助和指导，参考了大量的学术文献，在此表示真诚的感谢。本书内容系统全面，论述条理清晰、深入浅出，但由于作者水平有限，书中难免会有不足之处，希望广大读者及时指正。

目　录

第一章　英语教学的本质与发展 ……………………………………… 1
第一节　英语教学的内涵与目标 …………………………………… 1
第二节　英语教学的学科关联性 …………………………………… 9
第三节　英语教学的历史发展 ……………………………………… 17
第四节　经济全球化背景下的英语教学发展 ……………………… 21

第二章　基于多种教学模式的当代英语教学 ………………………… 28
第一节　基于情感教学的当代英语教学 …………………………… 28
第二节　基于翻转课堂的当代英语教学 …………………………… 36
第三节　基于任务型教学的当代英语教学 ………………………… 40
第四节　基于产出导向法的当代英语教学 ………………………… 43

第三章　当代教师职业素养概述 ……………………………………… 59
第一节　教师职业素养的内涵与外延 ……………………………… 59
第二节　教师的教育理念 …………………………………………… 64
第三节　教师的素质构成 …………………………………………… 67
第四节　教师的信息素养 …………………………………………… 98
第五节　教师的专业发展 …………………………………………… 110

第四章　当代英语教师职业素养培养的现状与建议 ………………… 113
第一节　当代英语教师职业素养研究现状 ………………………… 113
第二节　当代英语教师职业素养培养的现状 ……………………… 120
第三节　当代英语教师职业素养培养的优化方案 ………………… 121

第五章 当代英语教学及教师职业的新发展 …………………… 133
  第一节 德育渗透英语教学与教师的成长 …………………… 133
  第二节 课程思政与英语教学及教师发展的结合 …………… 137
  第三节 "互联网+"背景下英语教师的机遇和挑战 ………… 150

参考文献 ……………………………………………………………… 155

第一章 英语教学的本质与发展

当代社会，英语十分重要，英语教学作为英语传播和发展的重要手段，也需要我们了解其发展和本质。

第一节 英语教学的内涵与目标

一、英语教学的内涵

（一）教学

教学是教育的重要组成部分，这个组成因素既是最基本的，也是最复杂的，可以将教学看成一种教育活动。教学是一种师生互动的过程，教师负责教，学生负责学，学生在这个过程中全面发展，掌握一定的知识技能、发展能力，并且形成自己的价值观和情感态度。教和学是一种相互统一的过程，没有教师的教，教学活动就无从谈起，当然没有学生的学，教学活动也就不可能形成，教学活动需要师生双方共同参与才能完成。

教学活动必定有一定的教学目标，学科不同，教学目标也不相同，同时，教学在不同的学段、学年、学期，甚至每一个星期、每一天都有不同的教学目标。不同的单元、章节、活动等教学目标也不相同。

（二）英语教学

英语对于中国学生来说是一门外语，英语的教育必然也就是外语教育。从人类的外语教学的发展历史来看，一个国家或者地区的人学习一种外语，并且要形成运用这种外语的能力，对其进行外语知识的教育是必不可少的，只有学习了外语的基础知识才能更好地掌握这种外语。语言教育的本质是使学生掌握运用语言的能力，英语也不例外。英语作为一种语言，承担着承载英语文化的作用，是英语文化的载体，所以说，英语教学是一种文化教育。

二、英语教学的目标

我国不少学者呼吁：英语教学需从人本主义出发，融合"工具性"和"人文性"，从而发展和培养"全人"。大学英语教学是高等院校通识教育的重要组成部分，兼具"工具性"和"人文性"。大学英语教学的"工具性"体现了语言的本质特征，强调培养学生的听、说、读、写、译等语言综合应用能力以及通过专门用途英语和学术英语等课程发展学生的国际学术交流能力；而大学英语教学的"人文性"则主要体现为语言的文化负载性及其文化传递功能。具体来说，语言的文化负载性要求大学英语教学培养学生的跨文化交际能力，增进他们对国外社会与文化的了解，加强他们对中外文化异同的认识；而语言的文化传递功能则要求大学英语教师培养学生对中国本土文化的理解和阐释能力，进而为中国文化对外传播提供坚实基础。不仅如此，我国2011年出台的《义务教育英语课程标准》和2017年出台的《普通高中英语课程标准》也都倡导英语教学兼顾"工具性"和"人文性"，以发展"全人"为教育目标，强调英语教学在发展学生语言技能与知识、学习策略、情感态度、文化意识、全球视野、思维技能、学习能力等方面的重要性。

2018年教育部发布的《普通高等学校本科专业类教学质量国家标准（上）》以及在此基础上研制的《普通高等学校本科外国语言文学类专业教学指南（上）——英语类专业教学指南》同样倡导语言教学的"工具性"和"人文性"本质，主张兼顾英语教学的语言目标（如培养扎实的外语基本功、具备沟通能力等）和非语言目标（如具备国际视野、具备中国情怀等）。与国内有所不同的是，近年来，越来越多国外学者开始质疑英语教学一直沿用的"（英语）本族语者规范"，强调英语的世界语地位，他们认为英语教学是为了扩大学生的多语资源库，而非巩固英美等国家的语言文化霸权。

（一）非语言目标

第一，语言与文化紧密关联，英语作为学生的非本族语，其涉及的文化及思维习惯也可能有异于学生的本族语文化，因此，学习英语必然涉及学习英语文化。第二，语言是一种思维工具，学习一门语言意味着学生获取一门新的意识调节工具，因此，语言教学的目标不应仅仅局限于发展学生的语言能力，还应着力于发展他们的高阶思维，即思辨能力。第三，英语学习在很多国家和地区是一种外语学习，缺乏自然的语言使用环境，这就要求学生具备学习自主能力，才能最终达到较高的英语水平。第四，学校教育是发展学生思想品德素养、培养家国情怀、提升社会责任意识的主要渠道，英语课程作为学校教育的重要组成部分，也应当承担起发展学生思政素养的责任。

1. 具备跨文化能力

英语教学的改革越来越深入，学生的交际能力的作用也越来越凸显。但是在实际的教学过程中，我们可以看到学校十分重视培养学生听、说、读、写各项英语基本技能的课程，但是实际的效果并不明显。原因是学校教学培养的内容仍然是表面的东西，没有突破传统的教学框架。

学生的语言交际能力的培养仅仅依靠语言技能的掌握是完全不够的，单单依靠语言的技能训练并不能生成学生的语言交际能力，语言技能只是交际能力最基础的部分，要想培养学生的交际能力还需要加上对社会文化能力、语境能力、行为能力等多种能力的培养。在教学的过程中，除了语言内容和技能的训练外，还要再加上跨文化条件下的语言能力、语用能力，让学生能够在实际的生活中使用不同语境能力交流。

实际上，培养跨文化交流能力是英语教学的最高目标。英语教学和学习的过程是师生不断适应英语文化的过程。学生在学习的过程中，要将英语文化和现在学生本身拥有的知识进行联系，对于和自身本国文化不同的信息要理解和吸收。因为汉语和英语存在很大的差异，学生在学习的过程中遇到障碍和困难是不可避免的。所以，为了扫除这种障碍，英语教学的过程中还要加上英语文化教学。

2. 具备思辨能力

思辨能力是教育（包括语言教育）的必要组成部分，需要在具体的科目学习中得到培养。语言不仅是人际交往的工具，还是人类认识世界、探究新知识并改造世界的工具。因此，英语教学需要发展学生使用英语获取新知、分析并解决问题、提升自我的能力，即提升个体的思辨能力。思辨能力是逻辑性、批判性和创造性思考的能力，不仅有助于学生推理、分析和解决问题，还能使学生从跨文化的视角观察和理解世界，并据此做出合理的价值判断。

思维与语言发展紧密关联，语言是调节思维的主要工具，有利于人类认知的发展，而语言能力则既包含语言要素，也包含认知要素。例如，认知、学术语言能力（可理解为包含思辨能力在内的高阶语言能力）作为学生语言综合水平的重要指标，指学生能够使用特定语言来理解内容知识，而在理解和讨论内容知识的时候，学生又需要具备分析、推理和反思的能力。正是因为语言与思维能力关系密切，培养学生的思辨能力成为许多教育环境下语言课堂的重要目标。在我国，《普通高中英语课程标准（2017年版）》将思辨能力规定为高中英语学生应该具备的学科核心素养；《大学英语教学指南》（2020版）以及《普通高等学校本科英语类专业教学指南》也将思辨能力作为高校英语教学的一大主要目标。

我国学者具体探讨了英语课堂上教师应该遵循的基本原则，包括：①尽可能多地为学生提供使用语言的机会；②增加师生互动和生生互动机会；③提供"信息差""观点差""推理差"等活动任务以培养学生的高阶思维；④组织学生开展跨文化比较与反思；⑤引导学生探究并解决真实问题；⑥引导学生自主开展语言学习等。后来，相关学者进一步发展了思辨英语教学的原则，并将其称为TERRIFIC，其中T代表"目标"，也就是要将思辨能力纳入英语教学目标；E代表"评价"，倡导将思辨标准纳入评价体系；第一个R代表"操练"，强调思辨能力与语言能力一样，需要进行常规化操练；第二个R代表"反思"，突出通过经常性反思发展元认知能力和自我调节能力；第一个I代表"探究"，建议教师通过对话教学鼓励学生自由探究知识；F代表"实现"，主张在英语教学中教师重视培养学生的良好思维品质以及他们的积极心理倾向，帮助他们实现全人发展；第二个I代表"融合"，即融合思辨能力与语言教学，号召英语教师帮助学生自主分析并发现语言的使用规则，进而提高学生使用英语的流利度和准确度；C代表"内容"，强调教师要选择富有认知挑战性的语言材料，用以培养思辨能力。

总体来说，语言教学与思辨能力培养并不矛盾。在此过程中，教师实际上起着至关重要的作用。以上思辨英语教学原则需要教师培训项目通过示范课、解释性讲授等方法帮助教师将其内化，从而更好地促进学生思辨能力发展与语言学习的融合。

3. 具备自主学习能力

随着自主学习中心的迅猛增加以及计算机辅助教学的发展，世界上许多国家都将发展学生自主学习能力作为一项重要的教育目标。在国内，随着高等教育规模的不断扩大，学生人数急剧增长，使得师生比例严重失衡；教师与学生的接触时间相对减少；此外，在我国英语教育环境下，学生缺乏英语使用环境，因而课后的英语学习更多依靠学生自主开展。鉴于人类的自主性本质，英语学生也需要具备自我发展的能力，对学习进行自我调节，适时调整自己的学习目标、策略、计划、情感等，自主顺应不同的学习情境并且积极健康地开展终身学习，从而获取学业成功。

如何培养学生的自主学习能力往往取决于教学实践者对学生自主性的认识。例如，如果认为学生自主就是践行学习策略并获得自我发展的教师可能会更关注为学生提供学习策略培训，而强调学生意识及反思重要性的教师可能花更多精力提升学生对时间管理、自我情绪管理、自我规划能力等方面的意识；此外，如果教师强调学生的自由或动机，那么他们可能会依据学生的需求而为他们提供支架，以帮助学生发挥能动性来掌控自己的学习决策和学习表现。实际上，对学生自主性的培养不一定仅仅局限在课内，还可能拓展到课堂之外，例如，教师在课堂上设法提高学生的学习兴趣，帮助他们批判性地发掘并利用学习资源、提醒他们留意课外的学习机会、倡导课外同伴合作学习等都有助于提高学生的自主学习能力。

总体来说，密切关注学生学习、提供有效资源、鼓励学生反思、促进学生互动和协作、激励学生自主评价学习过程和结果等都是有效的自主学习能力培养策略。

4. 具备思政素养

语言教学与社会文化、政治意识形态紧密关联，这就意味着英语教学本质上具有一定的思政属性，也就是说大学英语教学的目标不仅仅局限于帮助学生掌握基本语言的技能，还需强调语言的使用要合乎道德规范以及国家形象构建。此外，英语教学还需在品格塑造和价值引领中凸显特色，形成独特的英语思政德育目标。英语教师需要以语言为载体，培养学生的家国情怀，发展学生对自身、本国人、其他文化群体、自己民族的价值观以及其他民族的价值观的批判视角，并在此基础上引导学生形成民族平等的价值观，进而为培养世界公民、发展国民的经济全球化意识、构建人类命运共同体奠定坚实的基础。我国《大学英语教学指南》以及《普通高等学校本科外国语言文学类专业教学指南（上）——英语类专业教学指南》均明确强调：英语教学需要融入课程思政教学体系，在高等学校落实立德树人根本任务中发挥应有的作用，以帮助学生树立正确的人生观、世界观和价值观。

在英语课堂上提升学生的思政素养就是要将价值观引领、英语知识传授和英语应用能力培养有机结合起来；教师需要有意识地在英语知识传授和英语应用能力培养过程中渗透思想道德引领并将此置于重要位置。在学习英语的过程中，学生接触的是国外意识形态和西方话语，教师需要引导学生过滤掉西方负面意识形态和文化价值取向，使学生自觉抵制西方不良文化的侵蚀，自觉维护中华文化、捍卫祖国尊严。英语教学可以帮助学生通过英语了解世界，进而拓宽他们的国际视野，使他们更为深刻地理解人类命运共同体的含义。此外，英语教师还要帮助学生树立中国文化自信，引导他们用英语讲述中国故事，进而推动中国文化走出去，让世界了解中国。中国已经作为一个世界大国参与国际事务，这就意味着英语教育需要培养具有家国情怀、民族使命、法制意识和道德修养的世界公民，同时，英语教学需要充分发挥语言的优势，让学生在对语言和文化进行比较的过程中体会中华文化魅力，使中国的英语学生能够放眼全球、传播中国文化，并且能够为危及人类的全球性问题贡献中国智慧、提供中国方案。

为了实现英语教学的思政培养目标，一个重要问题是如何将思政要素融入英语课程。解决这一问题需要至少从两方面着手：第一，教师要重构教学内容；第二，教师要提升自己的自主发展能力。从教学内容上看，英语教师需依据现有教材内容提炼思政主题并设置相应的思政目标，在此过程中，教师需充分发挥能动性，对现有教材任务进行改编，使之契合思政目标。此外，教师还需依据教材主题，适当增加中国文化元素，其目的一是通过对比中外文化提高学生的跨文化意识和思辨能力，二是提升学生用英语讲中国故事、向世界传播中国文化的能力。

为了顺利重构教学内容、开展课程思政教学，教师还需要提升自己的自主性专业发展能力。一方面，教师自身对中国文化知识及其英语表述应当有深入研究；另一方面，教师还需组建专业共同体，合作研究教材与学生，依据情境共同探究英语教学中思政素养培养的最优途径。英语教学目标可能依据英语在世界上的地位、国际国内形势的变化而改变。我们具体从语言和非语言两方面探讨了英语教学的目标。从语言目标层面看，英语的世界语、通用语地位均挑战了以往英语本族语者规范，认为学生是胜任的英语使用者，而非有缺陷的英语学生。由于当今学生的英语能力的不断提高，培养他们使用英语获取职业/专业知识是当代社会英语教学的另一语言目标。此外，英语教学也具有非语言目标，包括培养学生的跨文化能力、思辨能力、自主学习能力和思政素养等，这些非语言目标是基于国际国内形势及需求，以及英语本身的性质所提出的。

5. 实现"意义潜势"发展

教师通过教学让学生成长为一个会使用英语的人。这个过程是一种关系过程。教师通过教学使学生成为可以做某些事情的人，比如会讲英语的人，但是教会学生讲英语只是基础的部分，最终的目标是学生可以掌握学习语言的技巧和能力。这里语言可以被称为"潜势",掌握语言称为"意义潜势"。教学的目的是使学生能够掌握潜势,掌握使用语言表达的能力。

教学的过程是一种活动,参与者是学生和教师。教学过程可以看成一种心理过程,教师在这个过程是控制者,占主导地位。当然,在实际的教学过程中,教师所起的作用是不同的。

(二) 语言目标

1. 达到英语母语者规范

迄今为止,英语教学的目标通常是帮助学生达到英语本族语者的水平,即学生需要不断模仿英美等国人所使用的语言,以期达到"理想"水平。然而这种"本族语者至上"的教学取向近年来受到不少批评和挑战,这些质疑主要来自世界英语范式和英语通用语范式研究者。

(1) 世界英语范式

世界英语范式的核心观点是世界各地区的所有英语变体都应该被纳入英语语言教学课程;本族语者规范无法体现世界上英语使用的多样性,也无法反映各种英语变体所代表的多样性区域文化。有学者撰文指出,新英语(如印度英语、非洲英语等)理应成为一种有效的英语语言变体形式,我们应该认可并理解这些形式存在的价值,从语言使用以及语言使用者的视角来看待英语的各种变体,并且意识到任何一种变体都产生于其独特的本土环境,能够满足情境化交际需求。21世纪以来,英语教学中世界英语视角的影响越来越显著。

世界英语视角下英语教学关注点的改变体现在四个方面:①传统教学仅仅聚焦于某一种英语变体(如美式英语或英式英语),而世界英语视角倡导接触多种英语变体。②传统教学主张模仿英语本族语者的语言使用,而世界英语视角则强调交际策略的使用(包括转述、总结、澄清请求、非言语交际等),也就是说,教师需要向学生强调当交际双方不共享母语时,实现双方的共同理解和顺利交流并非英语学生或英语能力较低者的责任,而是会话双方的责任。③传统教学重点关注英国或美国的文化知识,而世界英语视角则强调批判性地使用多元文化材料。④传统上,英语背后的意识形态意义较少受到关注,而世界英语视角则重视英语变体与权力之间的关联。

(2) 英语通用语范式

英语通用语范式兴起于21世纪初,与世界英语范式类似,英语通用语视角强调英语的多样性,挑战"英语本族语者规范",认为偏离"英语本族语者规范"

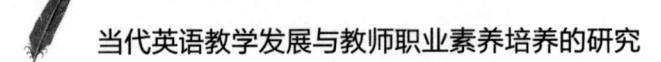

的英语也是一种合理的语言使用，这一类英语使用通常表现出"新颖的语言和语用形式"。不同的是，世界英语范式研究者侧重于辨识并标记不同国家的英语变体（如印度英语、中国英语等），英语通用语视角下的研究者则倾向于探究不以英语为母语的人对英语的使用。有学者指出，从发音上来说，影响双语或多语者交际的因素并非说话者的语言是否接近英语本族语者的水平，而是他们的语言是否具有可理解性。要通过语料库的方法加强对英语使用的语言学描述，从而使英语教师侧重于教实际使用的英语（而非英语本族语者的英语），进而确立英语学生的合法语言使用者地位。

基于英语通用语视角来说，英语教学的目标是要帮助学生掌握那些影响理解的语言使用特征，因此，教师需专门关注学生在接收和产出语言过程中容易引起不解的英语语言点，而无需将过多精力耗费在不会引起误解的语言点上；这样做可以释放更多宝贵的教学时间发展学生的语言意识和交际策略。而且更为重要的是，有的（不会引起误解的）语言特征知识本身就不是通过超前的"教"而学会的，而只能通过不断积累语言使用经历才能习得。由于英语通用语视角强调交际的可理解性，为了达到良好的交际效果而使用母语这一现象受到研究者的支持。因此，近年来的英语通用语研究越来越强调英语使用中的多语融合现象。总体来说，基于英语通用语视角的英语教学包含以下四个特征：①强调让学生接触各类英语变体。②重视多语资源的使用。③使学生多接触各种英语作为通用语的交流。④强调交际策略的培养，以帮助学生学会如何使用语言或如何开展交际活动才能促进会话双方相互之间的理解。

2. 掌握职业、专业知识

《大学英语教学指南》明确指出，英语课程的"工具性"要求高校通过专门用途英语教学帮助学生学习与专业相关的学术英语或职业英语，从而使他们获得在学术或职业领域开展国际交流的相关能力。因此，不少学者提出在高校阶段（尤其是学生英语基础较高的高校）开设学术英语、专业英语、内容与语言融合学习等课程。在大学生英语水平普遍提高以及高等教育国际化背景之下，英语作为大多数学科和专业领域的主要国际交流工具，关系着培养国际化高层次人才事业的成败。英语能力是高层次人才通晓国际规则、把握前沿知识动态、熟悉国际学术规范、参与国际知识传播、开展国际对话的重要技能之一。因此，传统以掌握常规语言交际技能的通用英语课程已经无法满足时代需求；学术英语、专门用途英语、内容与语言融合学习等课程随之被提高到相当重要的地位。

不论是学术英语、专门用途英语、内容与语言融合学习都不同于通用英语教学，在这三种课程教学中，教师教学和学生练习都是围绕学生专业学习的实际使用需求而展开的。需要指出的是，通过英语语言来学习职业、专业知识并非说明此类课程不具有语言目标。恰恰相反，由于这些课程力图培养"一专多能"的高素质、国际化、复合型专门人才，这就意味着学生需要既懂专业，又懂语言；而不论是学科专业知识还是学术上严谨的逻辑思维表达，都是常规通用英语教学无法专门进行训练的。因此，只懂英语不懂学科专业知识的学生无法具备严谨的学科知识思维能力，而只懂学科专业知识而不懂英语的学生无法向国际社会传播知识，也无法从国际相关领域吸收最新的前沿知识。职业、专业英语教学不是简单的通用英语教学加学科知识教学组合，而是由教师教授学科相关英语（如学科知识词汇等）及思维，同时要求学生在开展职业、专业知识学习活动的过程中发掘性、探索性地掌握职业、专业相关英语。这种基于实际需求的意义交流能够提升学生在语言及学科知识方面的学习动机，激发他们的学习兴趣，发展他们的学习策略。而且研究者指出，具有一定难度的学科知识和一定挑战的认知互动对提高英语水平具有至关重要的作用。因此，通过学术英语、专门用途英语、内容与语言融合学习等课程同时提升学生的学科知识与学科专业性语言知识是当代国内外情境对英语教学提出的新要求。

第二节 英语教学的学科关联性

一、英语教学与语言学

语言学对英语教学具有认识论和方法论上的指导意义。语言学理论往往会通过显性或隐性方式指出语言应当如何教，并且语言学理论的发展往往会直接或间接地对英语教育政策的制定、教材的编写和英语教学方法的使用与发展产生重要影响。20世纪之前的语言教学法（如语法翻译法）几乎不涉及语言学、教育学和心理学等方面的理论。19世纪中晚期，欧洲国家之间的交流日渐频繁，使得这些国家对高口语水平的人才需求与日俱增。因此，部分国家开始逐渐质疑和抵制当时盛行的语法翻译法，认为公共教育系统无法履行其责任，无法培养国家需要的人才。在此背景下，不少语言学家和教师发表了大量文章，出版了不少书籍和宣传册等，呼吁创新语言教学方法，这一努力在语言教学史上被称为"改革运动"。

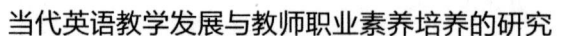

在改革运动中，语言学在二语或外语教学中的地位得以凸显。一批有见识的语言学家建立了语音学，专门探究口语过程，并认为口语是语言的基本形式。他们于1886年成立了国际语音协会，随之又于1888年创立了国际音标。国际音标的产生虽然基于语言学研究者的发现，其目的却是服务于语言教学。国际语音协会主要倡导：①学习口语。②对学生进行语音训练，以帮助他们建立良好的发音习惯。③利用会话文本引介会话短语及习语。④采用归纳法教授语法。⑤通过目标语言教授新意义。因此，国际语音协会的成立以及国际音标体系的建立可谓是语音学家对英语教学做出的首次真正科学（语言学）意义上的贡献。国际音标体系对20世纪许多英语教学法都产生了深远影响（如情境教学法、听说法、交际教学法等）。

实际上，语言学并不一定直接影响英语教学实践。一般情况下，语言学理论和研究可能经历几个阶段才能用于课堂实践。语言学应用于课堂实践的过程可描述为四个阶段、三个跨度（见图1-2-1）。其中阶段1与阶段2之间为第一个跨度。阶段1代表语言学研究（如对英语的语言学分析），阶段2则指将语言学研究有选择性地应用于英语教学以解决一般性问题。阶段2与阶段3之间为第二个跨度。阶段3代表着将阶段1和阶段2的成果用于具体的环境中（如地域环境）以满足一定的教学目标。这一过程需要通过制定具体的教学大纲和教学材料、对教师进行培训等行为才能实现。阶段3与阶段4之间代表第三个跨度。阶段4代表着将教学大纲、教学材料等内容落实到具体的课堂教学设计和教学行为中。

图1-2-1　语言学与英语教学关系图

过去几十年的英语教学研究及实践表明，语言学理论影响英语教学法、英语教育政策、二语习得理论等方面，而无论是教学法、语言教育政策还是二语习得理论都会直接或间接地影响到英语（课堂）教学实践。因此，基于图1-2-1，我们可以将语言学与英语教学实践的关系进一步具体化（见图1-2-2）。也就是说，语言学中所涉及的各种理论（包括普通语言学、应用语言学、心理语言学等）对课堂英语教学实践的影响主要通过二语习得理论、语言教学法和语言教育政策等方面产生。然而这些理论及政策又主要反映在教学原则、课程设置、教学大纲等方面，随之最终落实到教学设计、任务安排、语言使用（如母语使用量等）、测评方式等具体的教学实践行为当中。语言学与英语课堂教学间是一个抽象与具体、宏观与微观的关系。

1	2	3	4
普通语言学 心理语言学 认知语言学 社会语言学 应用语言学等	二语习得理论 语言教学法 语言教育政策等	教学原则 课程设置 教学大纲等	教学设计 任务安排 语言使用 测评方式等

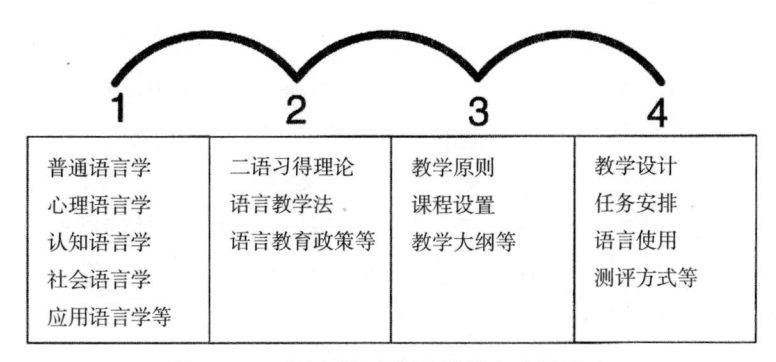

图 1-2-2　语言学对英语教学实践的影响

（一）二语习得理论与英语教学

二语习得是一个多学科理论融合的领域，但其最为主要的理论影响还是来自（普通）语言学和心理语言学。语言学家和心理语言学家通常专注于分析和模拟个体学生用于加工、学习和储存新语言知识的内部心理机制，试图描摹并解释学生语言发展的路径。技能习得理论、输入加工理论、认知互动理论、社会文化理论、复杂理论五个理论与二语课堂教学最为相关。这些理论明确强调教学能优化学习过程，并且为如何教学才能有效促进二语习得提出了具体建议。在这五个理论中前三者更为关注二语学习的内部过程，而后两者则具有明显的社会导向性，认为二语学习不仅仅是学生的内部过程，还产生于学生与外界互动的过程中。具体来说，这五条理论中，技能习得理论主要基于认知心理学，输入加工、认知互动和社会文化理论主要基于心理语言学，而复杂理论则主要融合了语言学、心理学等多学科的理论。

（二）语言教学法与英语教学

英语教学法和二语习得是应用语言学的两大分支领域，具有不同的历史背景。长久以来，英语教学主要依赖于理论学者和实践者的直觉。直到 20 世纪 60 年代，也就是二语习得作为一个学科领域诞生之时，语言教学才具备了实证基础，从二语习得研究中获得了大量关于教学复杂过程的实证启发。由此可见，虽然近年来英语教学法与二语习得似有不可分割之势，但是语言教学法的诞生远远

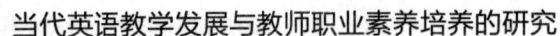

早于二语习得；而且我们也应该认识到，由于二者实际上在研究焦点上有所差异（二语习得侧重于探究语言学习机制，而语言教学法则聚焦于如何"教"才能促"学"），语言教学法不能完全基于二语习得理论、研究，二语习得研究也并非能为语言教学法提供全部支撑。

20世纪是语言教学成为一个专业性领域的时代，其原因在于这一时期的研究者开始借助语言学和心理学方面的理论去发展语言教学的原则、设计语言教学的步骤、开发语言教学材料等。这一时期不断有学者基于理论提出新的教学法，试图证明这些教学方法的有效性和价值所在。这些学者认为他们所提出或支持的教学法反映了其对语言学习理论的正确理解，而且相比之前的教学法，新设计的教学法在促进语言学习方面具有显著优势。

1. 语言认知观

语言认知观的根本观点是语言能够反映思维。语言认知观的核心特征包括以下四个方面：①大脑如计算机一样。语言的学习就是大脑吸收外界输入、加工并存储这些输入并最终产出语言代码的过程。②语言学习是一种表征过程。语言学习过程中大脑会将外界事件形成内部表征储存于大脑中。③语言学习是一种抽象知识习得。语言学习是从语言使用中提取抽象规则的过程。④语言是一种代码。这些代码需要依据一系列符号和句法规则组构起来。语言产出和理解实际上是一个编码和解码的过程；在该过程中，编码和解码的内容实际上就是一种思维单位。

普遍语法实际就是典型的语言认知观。普遍语法理论认为，在人的大脑中存在一套心理语法；该语法包含许多适用于一切语言的普遍性原则和一些因语言而异的参数。语法翻译法可以被认为是语言认知观的典型例子。这一教学法倡导学生通过语言翻译活动和语法学习提取大量语言规则，进而积累语言知识。又如，沉默法也是基于语言认知观建立起来的。沉默法要求教师尽可能在课堂上保持沉默，主张"学重于教"，倡导学生通过问题解决模式参与语言学习，并且在此过程中尽可能多地产出目标语言。因此，在使用沉默法的课堂上，学生需要与其他人合作完成任务。其三个主要指导原则分别为：①学生通过发现式学习（而非仅仅只是记忆或重复）促进语言习得。②学生可以通过实物辅助学习。③通过解决问题来促进语言习得是沉默法的核心。

因此，总体来说，语言认知观指导下的英语教学活动弱化了教师的作用，认为学生在语言使用（如翻译和解决问题）过程中，能够从使用中的语言提取规则，进而掌握语言知识。

第一章　英语教学的本质与发展

2. 结构主义语言观

结构主义语言观将人的语言活动分成两部分，一部分为语言，另一部分为言语。语言是社会化的语言，是社会发展长期形成的语言，不受个人意志的支配，是社会共有的。言语是具有个人特色、个人形成的，在用词、发音、造句等方面受到个人支配。这两个语言和言语相互依存，语言是言语的工具和产物，是言语的系统，常常是不能被理解的；但是言语作为语言的基本组成部分，没有言语，语言也不会形成，可以说语言就是一种结构和体系。语言的基本单元是符号，不是一种实体的词语。语言的特点并非由语音和意义本身所构成，而是由语音和意义之间的关系构成的，语音和意义之间的关系构成一个网络，成为一个语言的体系，这就是语言的结构。这种语言体系被看成一个符号系统。

结构主义语言观对语言教学有着深远影响。这一视角认为语言是由结构上相互关联的成分构成的一个系统，用以编码意义；语言学习的目标就是要掌握该系统中的每一个组成成分，这些成分通常包括语音学单位（如音位），语法学单位（如分句、短语、句子），语法操作（如词性转换、句子合并），词汇（如实词、虚词），等等。听说法就是在结构主义语言观影响下建立起来的；该方法的目标就是要掌握听、说、读、写四项语言技能并且尤其强调学生对日常口语的使用，进而提升他们的口语表达能力。此外，听说法聚焦于帮助学生掌握音系和语法结构，其始于音系层面，结束于句子层面。听说法常用的课堂实践是简单重复、替换、转换、翻译等，用以重点训练听说技能，将读写技能置于次要地位。时至今日，结构主义语言学对语言教学的影响依然巨大（如模块化语言教学）。

3. 功能主义语言观

韩礼德学派的功能主义语言观将语义与功能作为探索语言架构的核心，认为应该将人当成社会人，将人置身于环境当中去，使人们在社会中通过使用语言从而掌握语言。语言作为一类功能多样化而且使用便捷的工具被人类使用，让他们的物质与精神需求得以满足，同时协调人和人之间的相处，完成感情的传递。韩礼德学派认为自然语言的语法贯穿于人类的经历体验之中，语法把这种经历体验转变成含义，同时也是表现思想的一类工具，进而表现"经验主义"看法。在韩氏学派看来，语言实际上是一类社会性符号体系，语言和社会两者间具有紧密的关联，探索语言实际上可以说是探索"社会人"究竟是怎样在社会化语境里面使用言语来展开有含义的沟通的。功能主义这一派将语言看成"做事情"的一类方法，而非"知识"方法。

基于功能主义语言观的研究者认为语言的发展实际上是学生掌握语言功能

的过程；学习语言就是要学会使用语言表情达意。功能主义语言观强调语言的语义和交际维度，而并不仅仅是语法规则。这种功能主义语言观与交际能力紧密相关。兴起于20世纪80年代的交际教学法就是功能主义语言观的典型代表。交际教学法强调课堂互动的重要性，主张将学生个人经历作为课堂交际内容的主要元素，而且重视课堂内活动与课堂外活动的关联。需要指出的是，交际教学法并非不关注语言形式，而是主张探索如何将语言形式融入交际活动。交际教学法并不预设一套模板式的教学步骤和过程，而只是提供一系列教学原则来指导教学大纲及课程设计。

（三）语言教育政策与英语教学

成功的语言教育政策需要借助语言学理论的指导，包括社会语言学、心理语言学和应用语言学等。社会语言学有助于决策英语教学中使用何种英语变体，如何应对英语教学中的母语使用问题等；心理语言学（及二语习得）有助于语言教育政策制定者制定符合语言学习规律的教育政策；应用语言学则有助于教学材料的开发和课程设计。因此，语言观是影响语言教育政策的重要因素之一。

语言学在语言教育政策制定中具有一定的作用。例如，如果政策制定者熟知语用学知识，那么他们在制定政策文件时便能关注具体现实世界中的语言使用。如停顿和重复在语用学中属于正常现象，或者此类现象具有特定的交际意义，那么政策制定者就不能将此作为一种缺陷反映在教学大纲的语言表述中，把握语言学理论有利于更加全面地制定语言教育目标。由于结构主义语言观影响深远，受该理论影响的政策制定者可能会尤其强调掌握语法目标的重要性。但是，如果一位政策制定者了解应用语言学理论（如会话分析），那么他可能会倡导对教材中的会话展开探究，进而选择那些能够反映真实生活会话的语言教材。此外，语言学理论还影响语言教育评价方式。例如，如果政策制定者深谙系统功能语言学、社会语言学等理论，那么他们在制定语言学习测评政策时就会更加关注学生的实际语言表意能力，而非仅仅只是他们的多项选择能力。

我们进一步以"后结构主义语言观"为例探讨其如何能够指导语言教育政策。结构主义语言观认为语言学研究就是要研究语言内部系统，而过滤掉诸如经济、政治、社会文化等外部因素，这样才能建立一个界限分明的语言系统，抽取语言规律。后结构主义学者则指出语言是一个与社会权力和等级结构紧密相关的系统。占支配地位的社会群体往往会使用语言和话语的威力去将社会结构和秩序常态化。此外，语言没有边界，不受国界限制；语言的静态观让权力被少数人掌握；流动性和动态性才是语言实际使用的本质。基于此观点的超语言概念近年来受到许多研究者的关注。不少学者指出，超语言使用（即灵活地使用多种语言资源传达意义）能够帮助学生建立有效语言使用者身份，帮助其获得话语权并成为知识创造者，为学生提供支架，提升学生语言学习中的积极情感，促进意义协商等。因此，从后结构主义语言观以及超语言视角来看，语言教育政策制定者需要重新审视英语教学的目标，并且就课堂语言使用这一问题与英语教师展开深入探讨，从而基于不断变化的英语学习语境，制定灵活的课堂语言使用政策，为教师及学生深入参与课堂知识构建提供政策上的支持，为培养全球公民提供政策保障。

二、英语教学与教育学

语言学知识是"语言教学原材料"的最主要源泉，但是只有结合其他学科的原材料，语言教师才能真正有效地促进学生对语言知识及交际技能的习得。

尽管英语教学实践与研究在早期主要以（应用）语言学理论为指导，但随着后期研究的不断深入，教育学理论也逐渐成为英语教学的指导理论。语言学虽然有助于我们对语言进行描述，从而为英语教学提供有效信息，但这种描述并非可以直接传递到学生手中，还需要教师或教材编写者进一步依据教育和学习规律设置特定语言学习目标的顺序。甚至有人主张教育学理论已经等于或大于语言学理论在英语教学中的作用，并且建议将英语教学纳入教育语言学或外语教育学范畴之下。英语教学中语言既是教学内容，又是达成语言学习目标的手段，语言学为英语教师提供了内容知识（包括语言的功能、语言学习机制等），这一知识是其他学科教师所无法共享的。如果将包括英语教学在内的所有学科教学都纳入教育学范畴，势必造成"教育学不能承受之重"，也会导致英语教学研究缺乏专业性。但是，笔者并不否认教育学对英语教学的作用。

从教育学视角来看，英语教学的对象是人，而人的情感、态度等心理活动都具有高度的情境化、动态性特征，如果想要寻找一个适用于所有学生以及不同时代学生的科学教学方法是不可能实现的。我国著名教育家叶圣陶先生曾经说过"教学有法，教无定法，贵在得法"。也就是说，教学过程中，教师既要遵循普遍性教学原则，也要依据具体语境及学生需求调整教学方法，并同时基于普遍性教育教学规律形成自己独到的教学方法。在经历20世纪70年代英语教学方法繁荣发展的时代后，研究者试图从教育学的角度来看待问题。他们主张从学生学习的具体情境出发，考虑其具体需求，从教学大纲、英语学习策略、学生个体差异等方面展开了不少研究。另外，学生的学习可能因为学习环境及个体需求等方面的差异而呈现动态性、复杂性和多面性。这种人本主义倾向使得描述、解释和内省等方法受到了推崇。因此，20世纪80年代兴起的"教师即研究者"运动大力倡导教师基于自身课堂开展问题驱动型研究，解决实际教学问题。

不少教育学中的原则、理论或概念等都被用来探讨英语教学中的实际问题。例如，有学者在教育学领域强调了同伴教育中学生的平等性和相互性对学习的重要作用。不少二语学习研究者随之基于这两个概念探讨了学生同伴互动学习中的互动模式及其对于语言学习的影响。基于大学英语课堂同伴互动话语的学生的互动模式，学生协作学习呈现四种模式——合作型、专家型、新手型、主导型、被动型和轮流型，而且这些模式一旦形成就比较稳定。研究者进一步分析了这些模式的特征及其促学潜力，从而为教师开展同伴互动教学提供了重要启发。

由以上论述可知，教育学理论突显了英语教学的人本主义特征，促使研究者和教师将学生看作真实世界中实实在在的人，而不仅仅是被动接收语言输入的机器。因此，教育学视角有利于研究者和教师基于本土情境，探究适于特定文化群体和特定学生特征的最优英语教学途径，从而提升学生动机、优化英语学习效果。从另一角度来看，教育学视角要求教师结合理论和具体情境开展探索性研究，解决教学过程中的实际问题，从而弥合理论研究与实践之间的鸿沟，促使二者相得益彰。在此过程中，教师通过本土化、情境化的探究也能提升自身素养，实现个人专业发展。

三、英语教学与心理学

不同理论对英语教学实践具有不同的作用。例如，心理语言学指导的认知互动理论可能更强调将计算机网络技术用作英语交际手段，进而使学生在此环境下获得语言附带习得的机会；而认知心理学指导的技能习得理论则更强调将技术设备作为学生语言操练的数据库和平台。然而，尽管教学材料和工具对语言学习至关重要，但是如果教师不了解学生的心理，他们便无法为语言学习创设最佳环境。因此，英语教学并非仅受语言学和教育学的影响，还需受到心理学的启发。

技能习得理论源于认知心理学的理性思维自适应控制理论。该理论认为，所有技能学习都遵循三个阶段：陈述性知识、程序性知识和知识自动化。在陈述性知识（即关于"是什么"的知识）阶段，学生要么通过观察并分析他人的熟练行为，要么通过专家口头传授而有意识地学习某项知识。学生在陈述性知识的指引下从事操练活动以取得程序性知识（即关于"如何做"的知识），该过程称为程序化。在具备相关技能的陈述性知识的前提下，学生只需数次操练便可实现知识程序化。获得程序性知识后，学生从事大量系统操练活动以减少完成某项技能的时间、出错率以及所需注意力，该过程被称为知识自动化。

技能习得理论为理解课堂二语习得提供了良好的解释框架。许多二语习得研究者用该理论来解释二语发展路径，有学者认为二语知识发展类似于其他认知技能习得，尤其是在课堂环境下。二语课堂教学过程中，二语发展始于学生对显性教学提供的语法规则的学习，随后通过操练逐步实现语言知识的程序化和自动化。随着学生对新知识的程序化，他们能调用已有的自动化知识，从而释放认知资源用以加工信息内容而非语言本身。此外，在知识自动化阶段，学生较少受到外界干扰，从而进一步提升语言技能并更多地接触目标语言。值得注意的是，有意操练活动在知识转换过程中发挥着至关重要的作用。在将教师传授的语法知识用于操练的过程中，学生首先会表现出反应缓慢、错误率较高的现象。只有通过反复训练，他们才能逐步提高语言流利度和准确度。因此，在课堂教学过程中，教师只有通过提供相关语法解释并同时提供与之对应的操练活动，才能保证学生达到较高的二语水平。

第三节 英语教学的历史发展

一、早期英语教学

我国的英语教学正式开始于京师同文馆。但在此之前（19世纪初），在中国沿海的几个城市就已经开始了英语教学，主要由英、美两国的传教士零星地进行，范围窄、规模小，没有形成正规系统的教育。

当时，外国传教士在中国以创立学校和创办报刊的方式进行英语教学。第一个创办学校的是英国的罗伯特·马礼逊，他于1818年创办英华书院，为宣传基督而学习英文和中文；另一所较早开设的学校是温施娣开办的一所女校。他们的教学活动开创了中国英语教学的先河。

其后，英美传教士开办的学校不断涌现。1840年鸦片战争后，中国的大门被枪炮打开，传教事业迅速发展，教会学校也多了起来，这些学校是中国人学习英语的主要场所。另外，外国人在中国开办的银行等也办过学校或补习班，让职员学习英语。

1862年6月，我国近代史上第一所官办新式学校——京师同文馆正式开学，先开设英文馆，以后又增设法文馆、俄文馆，制定了各项教学和管理制度。自此，我国正规的英语教学正式开始。

京师同文馆初始仅是一所初等的外语学校，但与旧的私塾相比，无疑是一个巨大的进步。办学伊始，学生、教师人数都很少，英文馆仅有十名学生，教师也只有两名。随后京师同文馆的规模逐渐扩大。

另外当时还有其他各类洋务学堂，这些新式学校重视英语教学，并把英语教学与其他学科结合起来，确实造就了一批外语基础好的人才。

二、19世纪末至20世纪初的英语教学

19世纪末，中国封建社会濒临绝境，残酷的现实促使具有进取心的知识分子冷静分析形势，研究西学。自此，旧的封建教育制度开始解体，新的教育体制开始萌发并逐渐确立起来。

1905年，在中国实行了1300多年之久的科举制度终于寿终正寝，这一具有伟大历史意义的大事，对近代教育的发展，对英语教学的发展，无疑具有重要的推动作用。

在废除旧的科举制度的同时，以"中学为体，西学为用"为教育纲领的新学制也逐步确立。1898年的"百日维新"提倡西学，是一项突破性的改革措施。1904年1月清政府颁布了学堂章程（也称"癸卯学制"），它是中国近代教育史上最早施行的全国通用的新学制。这些提倡西学的新政措施为英语教学发展提供了肥沃的土壤。

1898年7月，京师大学堂——由中央官办的第一所多系科的综合性大学正式创立。1902年，京师同文馆并入京师大学堂，次年增设译文馆，对英语教学的重视比同文馆时期更进一步。

三、中华民国的英语教学

（一）中学英语教学

1912年元月，对清末教育体制进行了新的改革，形成了新的学制系统，规

定有条件的高校可以开设外国语译，以英语为主。1915年，新文化运动全面兴起，成立了各种教育研究组织和学会，其中五月份成立的全国教育联合会影响最大。这时，英语已经成为一门主要学科，提出了明确的教学目的和科学、先进的方法。

1922年11月，"壬戌"学制颁布实施，初、高中从此分开，这有利于提高中等教育的水平，是新文化运动在教育方面的成果。无论高中还是初中，外国语的学分都高居首位，与国语并驾齐驱，足见那时对外语教学的重视。之后又针对实际情况进行调整，初中英语学分减少，而高中英语学分增加。在这一时期，英语教学多采用直接法授课，初中多是英语、国语兼用。以后几年，直到新中国成立，这一学制基本上只是略有变动。

（二）大学英语教学

大学教育在中华民国时期有很大发展，办学也日趋正规。在大学里，英语专业也是一门重点学科，各文科及师范大学都有设置。1932年全国高等学校普遍设置以英语为主的外国文学系，占学校总数的三分之一以上。这段时期，大学英语教学的课程设置比较紊乱，其间进行过多次调整；英语教师队伍庞大，教学与研究水平都相当高，朱光潜、林语堂、梁实秋、许国璋等都是从事大学英语教学及研究工作的教授、学者、专家，他们以后都成为驰名全国的教学大师。

四、1949—1976年的英语教学

中华人民共和国成立以后，英语教学的发展道路是曲折的，随着国家政治和经济形势的变化而变化。

1957年开始，我国的英语教学逐渐摆脱困境，逐步恢复起来。在当时的中学教学计划中，英语被列为一门重点学科，初中和高中《英语教学大纲》的制定标志着中学英语教学走上了正轨。教育部采取了一系列措施，以切实加强英语教学：①高等学校录取新生时，将外语考试成绩作为正式分数；②小学开设外语课，增加中学外语课时；③扩大开设英语课比例，充实师资队伍；④开设外国语学校；⑤制定发展外语教育的长期规划。这些措施使1957—1966年十年内的中学英语教学呈现新局面。

五、1977年以后英语教学的发展

1977年后，我国的英语教学进入繁荣发展阶段。1978年教育部提出：必须加强中小学外语教育；大力抓好外语师资队伍的培养和提高；编选出版一批相对稳定的中小学英语教材，并配以唱片、录音、幻灯、电影等视听材料。1981年4月，教育部把中学的外语课列为三门主科之一，以英语为主，并在教学方面提出要求：对学生进行听、说、读、写的基本训练，侧重培养阅读能力和自学能力。到1982年，我国的中学英语教学已恢复元气，教学质量也逐步提高。在全国范围内较大规模地开展中学英语教学实验研究，在教学方法、教材编写及使用方面有一定的突破，特别是1981年底中国中小学外语教学研究会的正式成立，标志着我国中小学外语教学和研究工作迈出了新的一步。

1982年以后，中小学英语教学有了更大发展，主要体现在几个方面：①各地普遍开设英语课，连经济不发达、原来英语基础比较差的农村及乡镇学校的英语教学也有所发展；②重视师资培训，培养英语教学的骨干力量；③继续办好外国语学校；④编辑出版了一批以中学师生为主要对象的英语报刊。主要有《中小学外语教学》《中小学英语教学与研究》《中学英语园地》《英语学习》《英语世界》《国外外语教学》，还有《上海学生英文报》等，这些报刊对推动我国英语教学的发展和提高教学水平起了很大作用。另外，从这时开始，高考时英语成绩全部计入总分，这对提高中学英语教学质量是一个有力的促进。

由于英语的重要地位不断提高，作为一种国际通用语言，在科学技术和社会科学的各个领域都有着重要作用。因此，非英语专业大学生的公共英语教学也很重要。我国的大学公共英语教学的主要目的是提高阅读能力，对听、说和写的能力也有较高要求，强调培养学生运用英语进行交际的能力，实行分级教学。另外，把英语与专业知识结合起来，开设专业英语课程，也是大学英语教学的主要特点。

近二十年来，大学英语教学发展迅速：教材不断更新，力求适应各种专业的需要；师资力量也日益雄厚，许多理工科学校也开设了英语专业；教学设备不断现代化，主要是录音机、录像机、听音室和语言实验室，计算机也开始进入大学英语教学领域，开发了一些计算机辅助英语教学软件。另外，有关大学英语教学的全国性组织开始出现，有关方面的研究成果不断以论文的形式发表。我国的大学英语教学进入繁荣阶段。

第四节 经济全球化背景下的英语教学发展

在经济全球化不断发展的今天,英语的发展也得到了新的机遇,似乎学会了英语就掌握了和世界交流的钥匙。英语语言的教育教学在很多母语不是英语的国家如火如荼地展开,有的国家的专业课程是英文教学,只有学会了英语才能继续学习专业课。在中国、韩国和日本这些亚洲国家虽然只是将英语当作一门外语课程来学习,但是随着经济全球化的发展,学生加入英语教育的学期也从中学提前到了小学阶段。这种情况下,大家认为只要学会了英语就有机会走向国际化,但是很多人没有真正地考虑在经济全球化的环境下,什么样的英语才是真正需要的。他们觉得英语本身就是一个可以解决一切问题的概念,但是我们也应该考虑一个问题,英语在经济全球化的背景下其本身也是在不断变化着的。

在经济全球化的背景下,教育也在逐步走向国际化,我国的教学氛围随着多种文化的交流发展也更加多元化。国家的发展离不开教育的推动,教育作为立国之本理应受到重视。我们为了教育能够跟上时代的步伐,教育的改革也不能忽视,要了解国家目前英语教学改革的现状,就要站在经济全球化的视角下,从教学改革推动培养创新型和国际型的人才出发,探究目前改革中的问题,了解国家在经济全球化背景下需要什么样的人才,是专业技术知识型还是高素质创新型,根据国家发展的需求,从教学目标、教学手段、课程设置等多方面入手深化改革,为我国的发展不断培养各种高素质人才。

一、经济全球化背景下英语教学的变革与挑战

当今英语教学视域下的研究广泛存在着现代与后现代的交织,而伴随着的是实际课堂中新旧事物之间矛盾而带来的不适感。这种不适感主要源于英语教学面临的两个新挑战,即语言教学竞争对教学秩序的挑战,以及文化多元融合性对语言纯洁性的挑战。

首先,语言教学竞争对秩序的挑战存在于多个维度。传统的现代化英语教学范式强调语言使用的标准性与正确性,强调区分标准语言与非标准语言,以及语言形式对错之间的区别,以求在课堂内、社区内以及社会情境内部形成一个秩序性的语言使用"正统"。这种秩序化的追求导致英语教学以英语本族语者的语言

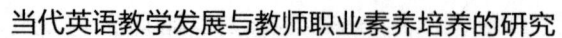

能力以及语言用法为目标。除此之外,英语的标准形式也被严格地与其他英语变体区分开来。然而,随着经济全球化的发展,英语作为一门通用语言逐渐在全世界各地区形成了具有各地特色的新词汇以及新的语言用法,这些新的语言使用正成为日常交际所能接受并被广泛使用的新形式,不断挑战着本族语者标准化的语言使用。而且,电子信息技术同样也使英语语言表达与使用多元化,这些表达与使用也成为逐渐被公众所理解并学会使用的新形式。例如,在当今的线上聊天、个人博客、社交媒体等电子信息沟通渠道上,个体的英语使用逐渐摆脱了传统的语法以及体裁的正统,呈现出越来越难以预测且多元化的语法、语用以及语义信息,这种现象被称为"超语符化"。这些语言现象都远比传统英语教学所依附的词典、标准语法规则要更加复杂、多样且具有实际交流意义。此外,竞争还体现在全球各国政治经济独立之后,各个地区开始挑战以英语为主的通用语地位,以及以西方正统英语为对错标准的英语教学及使用标准之上。这种竞争体现在,英语教学到底要遵循西方英语国家的教学模式还是本地的教学模式。因此,经济全球化背景下英语教学不仅面临着标准化语言与各种新时代英语变体之间的矛盾,还面临着外语教学模式到底应该依附于国际新自由主义教学模式还是传统的当地教学模式的矛盾。

其次,文化多元融合性对语言的纯洁性也产生了巨大挑战。现代化的英语教学仍秉持的单语视角下的英语本族语者规范,这种理念使人们认为双语以及多语使用是英语语言学习的障碍。即使现在有相当多的外语教师意识到了不断发展变化的语言变体以及现实中非标准化的英语使用情况,但他们的教学仍以纯洁化的语言形式为标准,并严格在语言教学中保持着"双重单语"的意识,隔离英语与母语的使用,以至于忽视了英语学生正在不断发展的双语者身份。然而在经济全球化背景下,语言以及文化的融合趋势却难以避免地成为生活常态,外语教师对于这方面的回应仍不足以支撑学生在现实生活中的语言交际需求。此外,在电子信息技术的驱动下,语言使用不再严格遵循语言、文化之间的壁垒,语言的准确性和合适性逐渐被沟通的可理解性替代。

二、经济全球化背景下英语学生、教师身份

随着经济全球化的发展,以及全球经济文化流动性的增强,越来越多的英语学生及教师开始远赴海外进行语言学习或专业学习。这种情况下,针对英语学生以及教师身份的研究也不断扩充,揭示了经济全球化背景下该人群身份认知的复

杂性。二语学习处在特定的社会历史文化情境中,因此我们有必要探究语言学生以及教师是如何在不同情境下协调自我的身份认知与信念的。尤其在经济全球化的背景下,赴国外移民以及留学的外语学生和教师经常会呈现出独特的环境敏感性、适应性以及在不同社会关系网络中不断协调转换的身份认知。

经济全球化背景下英语学生以及教师身份认知的研究主要基于"文化资本"和"生存心态"概念。二语习得情境下,二语学习是个体为了社会生存、竞争以及自我提升,而以掌握二语知识与技能的形式提升自我文化资本的过程。而生存心态则指个体在特定社会文化政治环境中形成的一套思考以及行为方式。有必要指出的是,虽然生存心态会受社会文化环境的影响,但它也是个体自主创造过程的动态产物。因此二语学习对于学生以及教师而言,是一种流动且既受社会文化环境影响又受个体认知影响的过程。这两个方面的因素总结为意识形态以及身份认知。我们可以将二语学习看作一个争取个体语言资本以及社会认同的"奋斗过程",并且这种奋斗过程会随着经济全球化的深入发展而不断演变出更加复杂、多样化的本质。尤其在跨国二语学生以及教师身上,他们会不断将自己的语言资本与当地的价值系统进行对比,并试图在风格与语音上去接近当地被视为主流且具有较高地位的语言形式。其他被二语学生及教师身份认知研究广泛采用的概念还包括"定位论""文化模型"以及"主体性"等。例如,有学者提出的主体性概念调查了加拿大两名移民女性的英语学习情况,并据此主张二语习得研究需要在不断流动性的社会环境下调查学生的身份认知变化。有学者定位理论分析了跨国二语学生如何从一系列跨文化主题相关的二语阅读材料中定位自我的身份,并探究这种自我身份认知如何影响其语言学习效果。

因此,经济全球化背景下的二语学习愈发被理解为一个身份建构的过程,在此过程中个体能够通过改变自己的二语语音以及风格等形式特征促使自我某种身份的实现。从这个角度出发,针对英语学生及教师身份的研究广泛开展。

在英语学生的身份认知方面,最早兴起的研究聚焦于利用文化资本以及生存心态概念来探究跨国二语学生如何协调自己的语言学习。例如,有学者运用文化资本概念调查了危地马拉地区的英语学生是如何因为社会资本的缺乏而无法获得足够的英语学习资源;或者则聚焦于利用文化资本、生存心态来跟踪并分析一名难民的英语二语学习轨迹。还有一批研究者开始探讨跨国二语学生如何在课堂环境下风格化自己的语言并嘲讽其他个体。这类研究都注重探索跨国二语学生如何使用"风格化"来构建自我的身份认知。例如,有专家调查了一些有着流利英语能力的韩裔以及菲律宾裔移民学生是如何利用自己的语言资源与一批新移民学生进行身份区分的。同样，有的学者调查了美国硅谷地区一所高中双语学生的种族身份认知与其语言使用及学习之间的关系。再到近几年，有一批学者开始在定位论的视角下探究跨国二语学生的身份认知。最近，聚焦于二语学生身份认知的研究开始在理想社会身份以及学习投资之上进行探索。这类研究关注学生的未来想象如何塑造自身二语学生以及使用者的身份认知，并最终作用于外语学习投资。

伴随着不断繁荣发展的英语学生的身份认知研究，针对英语教师身份认知的研究也相继在教师培训领域兴起。这些研究关注于英语教师的个人生活以及职业能力如何在教师培训的社会文化情境中受到影响，因为成为一名教师就是一种身份构建的过程。我们可以将这种过程理解为：教师不断在个人生活及职业经历中协商、论证以及对话，最终构建自我的身份认知。尤其是在经济全球化的背景之下，跨国参加教师培训或语言学习的英语教师从业者也不断在各种文化情境下经历着复杂的身份构建过程。根据相关研究，针对英语教师身份的研究主要聚焦于三个领域，分别为：职业身份的多维及多面性、教师身份构建过程中个人与社会层面之间的交互以及个体能动性与社会文化意识形态在教师身份认知中的作用。因此，针对英语教师身份认知的研究同样也立足于对社会文化情境以及个体能动性，以及它们之间关系的探讨上。在这些研究中，较受关注的话题为非英语本族语教师的身份构建如何受特定社会政治情境影响。研究批判性地揭露了国际英语教学环境中广泛存在的对英语本族语教师以及非英语本族语教师、东西方、自我与他人的二元对立，并探讨了这种环境对非英语本族语教师身份认知的影响。例如，有学者调查了跨国参加教师培训的英语教师从业者如何在身份认知构建中受到英语本族语环境带来的积极与消极影响。一方面，非英语本族语教师能够在英语本族语环境中获得极丰富的英语学术实践经历，从而对英语教师的自我身份认知带来积极影响，但同时，他们也经历着因为语音等问题与本族语者有着较大差异而产生的自信缺失。研究发现，作为研究对象的英语教师，在作为学生以及作为英语教师不同身份的情况下，展现了不同的英语使用情况，前者更多体现了日常交际英语，而后者更多体现了专业的学术英语。在英语教师的身份认知下他更想将自己视为一个专业且具有可信度的职业英语教师，而且其在接受TESOL职业教育的时候展现的作为非英语本族语者的不自信，也逐渐在导师强有力的鼓励性教学中得以改善，并最终接纳了自己非本族语者的身份认知。

在中国语境下，近几年有不少学者从理论以及实证研究角度针对经济全球化背景下中国英语学生及教师身份认知问题进行了探讨。例如，经济全球化背景下英语教师的双重文化身份问题，他们认为英语教师作为跨文化交际的传播者与参与者，其身份具有全球性与开放性，但同时作为汉语母语者的主体又给其身份带来了必然的民族性与本土性。有学者调查了 25 名中国英语教师在英语教学界广泛存在的"英本主义"理念之下如何构建教师自我身份认知，发现这些教师具有对抗"英本主义"的主观能动性，并不断在职业发展过程中发掘自身相比较母语教师而言的优势。此外，研究还表明儒家思想在中国英语教师的职业身份构建中也起到了重要作用。但总体而言，针对经济全球化背景下我国英语师生身份认同构建的实证研究仍比较薄弱，国内二语习得研究者有必要在这一维度展开更详尽的实证调查。

三、经济全球化背景下英语教学的中国视角

中国的英语教学在经济全球化的冲击下面临着挑战，首先在教学方式上比较单一，由于英语不是我国的母语，所以在英语教学方式和教学经验等方面还需要摸索，由于经验不足，特别容易出现照本宣科的情况，教学方式也没有针对性。出现这种情况的原因有很多，首先，英语教学都是普通的班级授课，学生人数较多，教师很难进行针对性教学；其次，每个学生的英语基础并不相同，都有自己的问题和差异，教师并不能因材施教，虽然学生可能掌握了一定的理论性知识，但是仍然难以和具体的英语实际问题融合，学生的创新意识也不能得到激发，教学效果并不好。另外，随着国家的发展越来越快，教育也要紧跟时代步伐进行改革以适应发展，但是在这方面学生的培养计划并没有适应发展，最终导致学生毕业时的知识技能储备不能适应社会发展的需要，国家也不能找到相应的人才推动发展。受到应试教育的影响，我国的英语考试大多落实在笔试的考核方式上，学生的读写能力发展得很好，但是不能说一口流利的英语。并且，经济全球化的冲击远不止这些。

进入 21 世纪以来，随着经济全球化进程的加速，中国对外经济文化交流的迫切需求使英语教学在中国教育事业中一直居于重要地位。另外，中国作为世界第二大经济体，拥有着世界上最大的英语学习人口。在这种发展现状之下，中国视角下的经济全球化英语教学出现了诸多与文化、身份、信念、语言教学政策相关的新问题。针对这些问题，研究者展开了不少探索。

首先，众多学者对经济全球化背景下英语教师或学生的身份认知及文化信念

展开了详尽探索。研究表明，中国英语师生的身份认知在经济全球化背景下呈现出多元动态的构建过程。例如，有学者基于"理想社群"概念，对两名英语学生的学习自传进行了对比研究，并揭示了这种充满感情的个人叙事视角是如何勾勒出中国个体语言学生自我身份认知构建过程的；有学者调查了中国一所涉外文科院校的英语本科生在两年基础英语学习中的自我认同变化，研究表明这些学生表现出对于本民族语言文化的疏远，即消减性认同逐渐呈上升趋势。这种现象恰恰是语言身份认知与能力发展的新平台，教师需要考虑如何对其进行正向引导，从而发展其双语者的身份认知与语言能力。而在文化信念维度，相关学者对经济全球化背景下中国英语师生对待英语世界语言的信念态度进行了调查。问卷以及采访结果显示，中国英语师生仍将英语视作一种国际化的全球语言。此外，英语还广泛地被中国师生视为未来职业发展的工具性技能，是一种语言资本，甚至在某些中国师生眼里，英语在交际过程中的地位与汉语相当，甚至更加重要。然而，这种重视英语交际能力的价值信念没有对实际英语教学产生重要影响，例如，中国英语教学中仍广泛存在着以通过考试为导向的教学规划，与交际教学法所主张的对外语交际能力的重视背道而驰。因此，中国师生的语言信念中广泛存在着两种截然不同却相互联系的认知：一方面，在中国，英语是被考试证书所定义的一种能力资格，是学生在就业市场竞争中的一种文化资本，这种认知并不强调学会英语是否意味着能够用英语参与世界文化交流，而是强调英语的商品性；另一方面，经济全球化趋势又让许多人意识到了英语作为一种国际语言的跨文化交际功能，其本质是一种交际手段。这种语言信念恰恰反映了当今中国社会文化情境中语言教学政策以及经济全球化趋势的影响，语言信念必然会在具体社会情境之中动态发展。

其次，在中国英语教学法方面，许多学者探讨了经济全球化背景下中国英语教学本土化与国际化的关系问题。这些研究着眼于世界英语视角下英语教学本土性与国际性的问题。传统英语教学立足于"英本主义"范式，将标准化的英国以及美国英语作为英语教学的正统语言加以推广。然而正如前文所述，在经济全球化背景下，英语作为一门通用语言，逐渐在全世界各地区形成了具有各地特色的新词汇以及新的语言用法，这些新的语言使用形式正逐渐为大众所接受，同时也不断挑战着以英语本族语者为规范的传统英语教学形式。针对这些各国特色化的英语变体，世界英语研究学者开始思考，到底何种变体英语应该被这些非英语本族语国家作为教学的标准化语言。在中国语境下，针对这一问题的讨论尤为重要，原因有二：第一，中国有着世界上最大的英语学习人群；第二，中国英语学生及使用者不可避免地因为跨语言因素而形成了不同于欧美标准英语的"中国式英语"。研究者对中国大学生以及英语教师进行了广泛的问卷调查及访谈，结果同样表明英本范式英语教学模式在中国更受欢迎。被广泛推广以及标准化的中国英语同样也可以成为辅助英本范式教学的有效语言。在英语具有国际化通用语言以及地域本土化语言双层特性的假设之上，只要跨文化交际双方能采取合作、宽容的态度，英语的国际化和本土化就能够相互补充、相得益彰。

第二章 基于多种教学模式的当代英语教学

传统的英语教学模式已经不能适应新的教学环境和需求，要想打破这种传统教学模式的消极影响，必须创新教学模式才能推动英语教学的新发展。

第一节 基于情感教学的当代英语教学

一、情感教学的基础——积极心理学

（一）积极心理学的内涵

自 2000 年以来，积极心理学作为心理学研究的一个分支逐渐成为情感因素这一领域的新视角，不仅挑战了以往对于心理现象的病理化研究导向，还拓展了心理学的研究话题。而随着积极心理学在各个学科内的研究应用不断扩展，许多应用语言学研究专家开始将积极心理学引入二语习得的情感研究中来。近十年间，这种研究趋势不断壮大，在二语习得的诸多层面贡献了不少新的研究话题和干预措施，人们也将当下称为积极心理学视角下二语习得研究的"鼎盛期"。同样，也可以将这种趋势描述为应用语言学的情感转向。作为一项重要的研究转向，积极情感视角有利于我们重新审视认知视角霸权以及负面情感研究偏向，从而以一种更全面的视角来重新构建二语习得理论。

根据相关学者的研究，积极心理学的研究范畴包括积极情感体验、积极人格以及积极机构。积极情感体验主要聚焦于个体或集体对希望、兴趣、乐观等积极情感方面的体验。积极人格则聚焦于研究在特定情境下哪些具体的积极人格特质能够促进个体的正向发展。而积极机构则聚焦于如班级、学校、教育组织、公

司等组织的积极心理状况,这是三类范畴中较少被研究的。积极心理学研究的一大中心原则是通过各种有效的积极心理干预措施对上述层面进行实验,从而做到利用积极情感、积极人格以及积极机构对抗消极情绪,达到提升个体幸福感的目的。

积极心理学视角下的二语习得研究多立足于的"扩展建设理论"与"幸福理论"。虽然积极情感的体验并不一定长久,但其对个体的影响是长久的。教师可以通过观察并围绕学生的理想二语自我在教学中做出适应性变化,从而激发学生对于理想二语自我的积极情感。同样,教师也应该在语言教学中减少会消解这种积极效果的消极情感,例如,教师可以鼓励学生对未来的自己进行想象,从而达到与消极情感制衡的效果。

虽然积极心理学主张聚焦于个体生活中的积极情感因素,但这并不意味着是对消极因素的否认,而是主张拓宽学界对于心理情感因素的认知,并主张通过利用积极因素来协助个体处理负面情绪带来的影响,因此包括希望、勇气、幸福、乐观等因素在内的积极情感同样值得我们关注。但也有学者曾经对积极心理学的研究视角进行了质疑,认为对情感进行积极与消极的命名具有误导性,因为所有的情绪,即使是不愉快的情绪,都有助于个体对具体情境做出积极反应。例如,压力和焦虑等消极情感能促使人行动,而自信等积极情感会导致人对待任务过于轻浮、草率,等等。实际上,积极心理视角并非主张标签化地认定积极情感一定会产生积极效应。有人对近几年积极心理学的发展进行总结,并用"积极心理学 2.0"来形容这一股将积极情感与消极情感联合起来探讨的研究潮流。这一潮流认识到了积极情感与消极情感作用的复杂性,并提倡更为细致地研究消极与积极情感带来的截然相反的效果,这一类效果被统称为"矛盾心理"。同样,积极心理学视角下的二语习得研究也认识到了这种矛盾情感的存在,并且这类认识也伴随着社会文化理论以及复杂理论在二语习得领域内的逐渐深入而不断受到重视。

(二)积极心理学对教学和研究的启示

积极心理学给外语教学与研究带来的话题与概念繁多,而从这些话题与概念之中,可以总结出两点极为重要的启示。

第一,对于研究而言,为了理解外语学生情感维度上积极与消极情感之间的复杂关系,仍然有必要意识到积极心理学倡导的积极情感视角并非是对消极情感的抹杀。积极心理学并非"一厢情愿"地用积极心理来避免对消极方面的讨论,而是通过增加对积极心理的关注来拓宽人们对于心理现象的认知,使他们不再将焦点局限于消极心理。在二语习得研究中,近几年来越来越多的学者在积极心理学视角下,采用复杂理论来分析语言学习过程中的情感动态,我们也有必要在这些研究的基础上,进一步探讨积极与消极情感之间的复杂关系。

第二,对于教学而言,外语教师有着大量已被验证的积极心理干预活动可供选择,当然这些干预活动同样也可以用于教师教育。此外,有学者在积极心理干预实验的基础上,总结出了英语教学领域内可使用的积极心理活动,这些活动同样在线上能够获得详细信息。利用这些活动,外语教师可以有效地促进学生在英语课堂中的积极情绪导向,从而优化英语课堂的情感生态,确保语言学习和教学对于学生和教师而言是具有意义且愉悦的行为,帮助学生和教师更加富有韧性地应对各种挑战。但在课堂中应用这些活动的时候,教师同样要意识到目标学生群体与该活动之间的兼容性。在运用以及分析某一积极心理干预活动时,要考虑人与活动的拟合性。同样,要进一步探讨定制化的积极心理干预活动,要从个体的性格特质、动机以及文化背景等变量出发。

国内相关研究仍处于初步阶段,近两年才出现基于该视角的实证研究。因此,国内学者有必要将积极心理学作为一个新的研究视角应用于当今中国情境下的外语教学研究,从而拓宽、深化我们对于中国学生外语学习以及外语教师情感动态的理解,并最终通过优化情感维度来达到促进外语教学以及师生幸福感的双重目标。

二、情感教学概述

(一)情感教学的内涵

情感教学是一种教学手段,这种教学手段以教学活动为基础。教师为调动学生的情感需求,采用各种教学手段;学生在学的过程伴随一定的情感和认知。

这种情感教学要求教师和学生处于一种积极的情感状态,教师借助各种方式,如语言、态度、行为等将学生的情感需求激发出来,这种教学的过程是积极性的,效果也是积极的。

(二)英语教学中的情感因素

1. 焦虑

焦虑的表现形式多为焦急、不安和忧虑,是一种情绪。这种情绪多是因为

第二章　基于多种教学模式的当代英语教学

个体不能达到预定的目标或者不能克服心理的某种障碍，自尊心和自信心遭受打击，内疚感增强。

焦虑按照来源可以分为两种，一种为个性焦虑，另一种为状态焦虑。个性焦虑是一种长期的焦虑状态，与人的个体性格有关；状态焦虑是指由偶然的事件所带来的焦急、紧张、不安的情绪状态。

英语的学习过程并不是一帆风顺的，必然伴随着一定的焦虑情绪，当然这种情绪其实也是不可缺少的。焦虑的情绪在学习的过程中是有必要存在的，如果没有学习焦虑说明学生学习的情绪不高，没有紧张感，没有动力，也不会有好的学习效果；但是这种焦虑必须是适当的，因为过高的焦虑感会给学生的学习造成一定的负担，学生如果长期处于一种紧张的状态，学习的效果也不会好。只有焦虑的水平适当，压力变为动力，学习才能更有效率。

2. 移情

移情是一种从别人的角度看问题的行为和意识。移情在人们的日常交往中十分重要，当然从对方的角度看问题并不代表放弃自己的情感态度，不是一定要按照对方的情感态度办事。

（1）移情的概念

教学活动并不缺少情感的参与，也不缺少知识的灌输。在知识至上的年代，情感的移入与摄取或多或少地被忽略掉了。知识在教师与学生之间相互转移，在教学内容与学生之间单向移入。虽然教学中复杂的"移情"现象仍然在发挥着作用，然而却没有基本的界限来划归"移情"现象，缺少必要的内涵加以统筹。结合以上分析，笔者把将教学中的"移情"现象加以人为控制，探讨符合教学"移情"规律的教学方法，将"移情"运用于实际的课堂教学，由此产生出新的教学手段，称作教学移情艺术。教学移情艺术是一种实际的、可操作的方法技巧，是一种将"移情"理论条理化、操作化的具体的情感艺术方法。教学活动是由教师、学生以及教学材料共同参与互动的一个交往过程，我们将教师与学生之间发生的移情现象称作教学中的主体间移情；将教师、学生对教学材料的情感摄入或摄取现象称作主客体间移情；教师以教学目标为导向，先将自己的情感注入教学材料，感受其情感意境，再将此情感意境传递给学生，引导学生的移情活动，从而使学生形成共同的移情体验，我们将这种移情称作目标导向移情。

对移情艺术内涵的理解，不能仅仅停留在以上层面。在上述对教学移情艺术的讨论中，隐含着以下基本认识：其一，移情艺术不仅是一种理论，而且是一种实践化的具体方法；其二，教师是移情艺术的主要承担者，但是不能忽视学生的主体地位；其三，移情艺术在特定的教学情境中展开，并不是所有的教学活动都适合移情艺术的发挥；其四，移情艺术主要涉及的教学要素是教师、学生、教学内容、课堂教学氛围。

（2）移情在英语教学中的作用

教师需要根据一定的教学内容，有意识地控制教学过程中的移情现象。我们知道，教学既是一种认知过程，也是一种情感交流的过程。认知与情感既是教学的目标，同时也是教学的手段。因此，事实上，认知与情感在教学过程是相互融合又相互影响的两个重要因素。具体而言，移情艺术在课堂教学中的作用有如下两个方面：

第一，移情艺术有助于教学的情感目标达成。

在新课程背景下的课堂教学中，教学目标有一个重大的变化，即将原来的单一目标（知识与技能）转变为三维目标（知识与技能、过程与方法、情感态度与价值观）。教师通过移情艺术的实际运用，了解学生，设身处地地为学生着想，通过移情感知教学材料的情感意境，再由此将共同经验的情感摄入学生的情感意识中。教师知情达意，学生情由心生。在课堂教学中，移情艺术的有效运用，能够激发学生的情感意识，形成教师与学生、教师与教学材料、学生与学习材料之间的知情交流网络，促成教学情感目标的达成。

第二，移情艺术的合理运用有助于提高教学中的认知活动效率。

认知从广义上来说即认识，是指个体认识事物的完整的心路历程，包括感知、记忆、思维、想象等一系列的具体过程。狭义上的认知即再认，是记忆过程的一个环节。事实上，教学过程中的认知活动，是就广义而言的，用信息加工的术语来说，就是一个信息加工的过程。因此，在教学中的认知是综合多种心理要素共同参与的一系列的综合过程。移情艺术通过教师有意识地控制教学中的感情投射等移情现象，强调共同态度体验的获得，调动学生积极愉快的情感，为学生的元认知发展提供适宜的内部激活状态，从而提高学生的认知效率。

三、英语情感教学的现状

（一）重知识传授，轻情感信息交流

很多英语教师在课堂上没有顺应时代的发展和结合学生的特点改变教学的方式和态度，为了应试教育的结果和学生的成绩，用传统的"满堂灌"的教学方式一味地向学生输出英语的理论知识，课堂上大部分时间教师都在讲单词、句型、

语法和课文的翻译，师生互动的机会很少，学生没有时间开口说英语。学生和教师之间的情感交流几乎为零，教师不能及时关心学生情感态度的变化，学生的英语诉求也没有渠道讲出来。学生只学到了英语理论的死知识，不能感受到英语语言的文化和情感价值，久而久之，对英语学习的兴趣也就降低了。

（二）学生缺乏安全感，课堂参与程度低

英语和汉语在表达方式和方法上有很大的不同，中国学生在没有英语语言环境的情况下学习英语必然会遇到各种困难。如果学生的心理承受能力不太好，抗打击能力较弱，在英语课堂上就会不敢发言，不敢提出问题甚至回答问题，因为怕出现错误的时候遭到教师和同学的嘲笑，心理压力很大。这种情况下，学生就更加不愿意参加英语的教学活动，当教师提出问题的时候他们都会尽量将自己的存在感降到最低，害怕教师点名回答问题，只希望作为课堂活动的旁观者，不想参与。

四、网络教育中英语教学情感场的构建

（一）网络在情感教学中的功能

1. 实现网络信息资源的共享

利用网络不但能够丰富情感教学资源，而且能够使英语情感教学过程从课堂内的封闭走向课堂外的开放，使得英语教学更具吸引力和感染力，增强了英语教师教学的积极性和主动性。

2. 师生情感沟通方便快捷

师生之间运用网络交流工具进行情感沟通，可以弥补课堂上交流的不足。同时教师也可以根据不同学生的特点进行个别指导。

3. 利用网络达到声形并茂的表达效果

计算机网络可以对文字、图形、动画、音频、视频等多媒体信息进行综合处理，它能够将这些信息有机地融合为一体，达到声形并茂的表达效果，激发学生的学习情感和学习兴趣。

（二）网络教学中情感场构建策略

1. 师生情感构建

在构建师生情感的过程中，教师要做到包括以下几点：

第一,教师在网络教育环境中要积极地表现真我,没有任何矫饰、虚伪和防御。

第二,教师要真心地关心和爱护每一位学生,了解和尊重他们的思维方式和情感世界。

第三,教师要转换角色,从学生的角度看待每一项学习任务。

2.生生情感构建

英语教学活动主要以群体活动的方式开展,因此要积极营造群体情感场。

第一,应让每位学生都有展示自我的机会。

第二,提倡学生之间资源共享。

第三,要营造你追我赶的学习氛围。

五、情感教学在英语教学中的应用策略

(一)构建平等融洽的师生关系

在教育过程中,如果没有情感的融入,教育就成了无水之池。作为教学活动的两大基本因素,教师和学生要形成良好的师生关系,这样才能使学生更加主动地学习英语。在实际的课堂教学中,英语教师要摒弃原来的"一言堂"传统教学模式,要和学生平等友好地交流,了解学生的学习情况和情感需求,帮助学生解决实际的英语学习问题。学生的日常英语使用能力十分重要,教师要不遗余力地提高学生的英语交际能力。教师可以在课堂上多教授一些英语文化的知识,如国外的风土人情、交往礼仪,等等,多组织一些的英语趣味活动,拉近与学生的距离。这样既丰富了学生的英语文化知识,也增进了师生的关系。当然,除了在课堂上,课下教师也要注意多和学生进行课外交流,多听听学生的心声、多问问学生的困难,增加对学生的了解,帮助学生解决生活和学习上的难题,增加学生对教师的信任感,这样学生才会在学习英语的时候没有后顾之忧。同时,英语教师也要多举办英语实践活动,让学生了解英语学习的实践性和实用性,让学生更加独立自主地学习英语。

(二)创设轻松和谐的情感氛围

由于身心发展的阶段规律,学生对外界具有强烈的好奇心和求知欲。这种特征要求英语教学要灵活多变,要能够激发学生的学习兴趣,如果教学方式过于机

第二章 基于多种教学模式的当代英语教学

械化，学生就会产生厌学情绪，学习效果也会大打折扣。因此，作为英语教师，要有不断创新的精神，要多给学生课堂发言的机会，让课堂成为学生的主场，这样的课堂氛围才会轻松高效。在教学方式方面，教师要以学生为出发点，采用贴合学生实际情况的教学方式，根据每一时期、每一阶段学生的时代特点和学生特点，对教学形式进行创新。英语教师可以根据学生的学习情况或者课程的特点采用游戏教学法，使学生在做游戏的时候学到知识，变枯燥的课堂为生动有趣的课堂，寓教于乐，提高学生对英语的认知程度。同时，英语教师也可以挑选一些具有特色的英语课文让学生来进行角色扮演，这样既增加了趣味性，提高了学生的学习兴趣，又能让学生在英语语言交流的过程中提高语言表达能力和运用能力。

（三）利用情感减弱学生学习的负面阻碍

情感教学在实际的运用过程中可以收到增效和减负的效果。可能对于大多数的教师来说，为学生减负就只做到了任务量的减少，比如说课后作业减少等。但是这种减负并不能解决根本问题，学生的心理负担也是减负的重要一环，所以在今后的教学过程中教师要注意学生心理方面的问题。

1. 弱化英语主观难度

大部分学生在学习英语的过程中会产生一种畏难的心理，对于遇到的问题会产生恐惧和害怕的心理。由于英语并不是我们的母语，没有良好的语言环境，所以在这种汉语语言环境下，要理解英语是有一定困难的。畏难心理的产生大部分是因为学生在学习英语的过程中，没有人给出一个正面回应，当遇到学习问题的时候没有人来进行正确的指导，在心理上也没有人进行疏导，长此以往，学生就会越来越恐惧学习英语。

英语知识的学习本身就是有一定的难度，这种情况下，教师要考虑到学生的心理问题，让学生逐渐打消畏难情绪。

2. 强化英语口语表达

在国内的英语学习环境中，学生会出现英语的交流和使用问题。这种情况更多地发生在三四线城市、乡镇的学校，由于这些地区经济不发达，英语教学资源较为落后，因此问题也比较明显。学生在日常生活中很少有机会开口说英语，英语的口语表达练习机会很少，因此学生缺乏交流的自信。另外，在英语教学的课堂上，英语教师也不够重视口语的教学。

课堂上教师要多给学生口语练习的机会,尤其是教师在进行课堂提问的时候可以要求学生尽量用英语回答,尽力建立英语的语言环境。除了课堂上的教学,教师在课下也要了解学生的英语学习情况和学习环境。教师可以和家长进行沟通,共同为学生创建良好的语言环境,建立起家庭—学校联动教学。

第二节 基于翻转课堂的当代英语教学

一、翻转课堂概述

(一)翻转课堂的含义

翻转课堂这种新的教学模式和传统的教学模式有很大的不同。传统的教学模式一般是教师讲课之后进行作业的布置,学生再回家或者课下进行练习。但是翻转课堂是完全相反的顺序,学生先进行知识的学习,然后再听教师的教授,这种模式首先提高了学生执行学习任务的兴趣,降低了学生对教师所传授知识的方式和内容的依赖,推动学生自己思考,使他们养成自我思考的习惯,真正将知识转化为自己的东西。

(二)翻转课堂教学模式的主要特征

1. 教学信息清晰明确

翻转课堂需要制作教学视频,这种教学视频可以将教师在黑板上的书写过程清晰地呈现出来,教师以及多余的和教学无关的事物不会出现在视频中。传统的教学视频中教师会出现,教室中的场景也会出现,这样无形中分散了学生的注意力,这也是这两种教学视频的区别。

2. 重建学习流程

翻转课堂的学习过程分为两个阶段。第一阶段是"信息传递",教师在课前提供学习视频,同时也提供在线辅导,学生和学生、学生和教师不断进行互动交流来掌握知识,这一切都是在课前完成的。第二阶段是"吸收内化",前期通过学生和教师的交流,教师能够了解学生学习的难点和感兴趣的点在哪一部分,在课上教师就可以有针对性地解决学生的问题,学习也更加具有目的性,学生在课后也可以根据课堂知识和课程视频来进行消化吸收,这是一个学生和教师、学生和学生互相帮助的过程。如果缺少教师的指导和同学的帮助，学生就不能很好地消化知识，学习动力也会丧失。翻转课堂重新组织了学习的过程。

3. 教师角色的转变

第一，这种模式打破了教师一言堂的格局，但是教师的主导地位并没有变化，只是增加了学生的主体性。教师在这种模式下可以开展和组织各种趣味性学习活动，比如说角色扮演、问题探讨、小组学习、游戏化学习等，大大增加了学生学习英语的兴趣。第二，教师转变为教育资源的提供者、视频讲解者和视频设计开发者。教师需要在课前做好各种教学视频的制作，包括资源的搜集和视频的剪辑制作等，让学生能学到多角度的知识。

4. 学生自主安排学习时间

翻转课堂可以让学生更加自由地安排自己的学习时间，教学视频的时长一般都比较短，学生可以随时随地拿出视频进行学习。随着信息技术的发展，学习资源更加丰富，学生可以根据自己的学习进度和问题自主选择学习视频进行观看，同时如果观看视频的过程中遇到问题也可以直接在平台上和教师与同学进行交流，这种学习模式具有及时性和适切性。

5. 学生角色的转变

在翻转课堂的学习中，学生可以根据自己的水平和学习进度自主地制订学习计划，无论是学习的时间、地点、内容和学习的量都可以进行自我控制。学生在课堂上更加可以发挥自己的能力，和同学互帮互助，将知识掌握得更加牢固。

6. 教学环境

传统的课堂教学工具只有粉笔、黑板、PPT等，随着信息技术的发展，更加创新的教学模式不断涌现，教学工具也得以创新。翻转课堂利用网络上的资源，形成全面的学习管理系统。

二、翻转课堂在英语教学中的应用优势

翻转课堂教学模式的优势主要体现在以下几个方面。

（一）教学视频短小精悍

翻转课堂的教学视频一般只有几分钟的时间，一个视频针对一个问题，这样在英语的学习中学生可以根据自身的水平和进度选择视频观看，提高了学生的自主学习能力。

（二）教学信息明确清晰

翻转课堂的教学视频的内容更具有针对性，明确了学习的问题目标，这样学生的注意力不容易分散。

（三）学习流程更加优化

教学流程在翻转课堂上重新得到了优化排列，课前教师将教学内容先传递给学生，学生课前学习了内容后，再在课堂上接受教师的指导，并且能够和教师、同学进行互动，在解决问题的过程中掌握了知识。

（四）复习效率高

翻转课堂可以帮助学生及时检测和评估学习的效果，学生通过检测可以及时了解自己的问题和不足，同时这对于教师了解学生也很适用。

三、翻转课堂视角下高校英语教学设计

（一）翻转课堂视角下高校英语教学设计的思路

随着教学体系的更新，高校的英语教学方式也在不断改革，并且变化十分明显。教学结构最开始是单一的，现在变为多元的教学结构模式，这种多元化的教学结构也使教学的效率提高。其中翻转课堂的教学理念得到了教育界的广泛认可。

传统的教学模式已经在我国实行了很多年，传统教学观念也十分牢固，但是随着时代的发展，这种教学观念必须改变。传统的教学观念也是可以依靠翻转课堂去打破的，但是要注意两个方面的内容转变。

首先，学生和教师要提前做好转变身份的准备。传统的教学模式一直都是以教师授课为中心的，但是在翻转课堂上，教师要从这种固定的角色模式中跳出来，变为督促者、监督者和指导者，当然这个过程可能不是一帆风顺的，因此极其考验教师的能力，需要教师能够及时发现学生的问题，根据问题做出相应的指导。如果没有做到这点，教师的教学责任也就不能很好地履行，学生学不到知识就解决不了问题，教师的角色也就不能得到体现。同时，翻转课堂让学生变为主动学习的角色，学生要不断适应这种模式，不断锻炼自己，走上翻转课堂学习的正轨。

其次，由于翻转课堂给了学生很大的自主学习的自由，学生的学习进度和计划由自己掌握，这就要求学生要做好时间的分配。这种模式要求学生课前要掌握好要学的知识，课上要积极地和教师、同学进行交流沟通，有问题要及时反馈解决，不要有所顾虑。这种教学模式的实行可以加强学生之间的沟通，也可以加强师生之间的交流，有助于学生和教师共同进步。

（二）翻转课堂视角下学生的类型

通过观察法和交谈法分别在课前、课上和课下了解了大学生学习英语的基本状况，并以此划分学生的学习类型以及每个学生的学习特点。

1. 自主学习型

主观能动性强、计划性强、目的性强是这类学生的主要特点，总体来说他们能够积极主动地完成教师分配的相关任务并能主动进行课外学习。课堂中，在教师的引导下，自主学习型的学生能够自己发现问题、提出问题，且尽可能自己来解决问题。

2. 半自主学习型

这类学生的积极性要明显次于自主学习型的学生，计划性及目的性较弱。虽能做到课前预习教师分配的任务，却不能学习课外知识、填充学习内容，无法达到举一反三的学习效果。他们课上会主动跟着教师的教学思路，也能够主动做好笔记，但客观来看他们的注意力并未完全集中，甚至会走神跑偏。

3. 应付考试型

很明显这类学生只是为了考试而学习，缺少正确的学习态度和良好的学习习惯。

（三）翻转课堂视角下高校英语教学的流程设计

1. 做好充分的课前准备

课前准备十分重要，教师如果有一个完善的课前准备就会有清晰的教学目标和流程，这样教学过程会更加流畅、紧凑。课前准备可以分为三个步骤，首先，教学内容要十分明确，教师最好设计出一个实用的导学案，这个导学案要能够激起学生的学习兴趣，针对的是具有代表性的问题，能让每个学生都有自己的收获，教学就成功地迈出了一大步。其次，在讲授每一个课程章节之前，要提前将导学案和已经录制好的教学视频发给学生，当然，这些导学案要根据学生的学习进度来准备，让学生提前观看视频，完成基础知识任务的学习，在学生掌握了导学案中的基础部分之后，可以开始提前做一些拔高性的题目。最后，教师将学生完成的导学案进行回收,然后归纳总结学生的疑难问题,等到正式上课时再和学生互动解决。

2.课上互学、充分利用导学案

教师在正式上课的前一天将学生完成的导学案进行回收,然后逐一进行查看,了解学生的学习情况。教师要充分了解学生在学习过程中遇到了哪些障碍,并写好导学案的总结,将学生遇到的困难和障碍做好记录总结,提前找到解决的方法。教师可以指导学生多次反复观看教学视频,在复习的同时找到新的疑问,解决其中的问题。教师也可以根据学生情况将他们分为多个学习小组,学生先在小组内进行讨论交流,可以提前解决一批问题,当然,在这个过程中教师也要及时给出指导,学生之间要互帮互助,让已经学会知识的学生带动落后的学生进步,让每个学生都能有所发展。

3.课后积极探究高效的教学方法

课堂教学结束后,教师要根据学生在课堂上的表现以及之前导学案的完成情况了解学生接受知识的程度,根据学生的情况总结经验和不足,更新和完善教学方法。当然教师也要善于发现学生在学习过程中的优点和闪光点,对于学生的不足进行弥补。学生也可以养成在学习平台和同学、教师积极互动的习惯,根据课程安排的规律,不断掌握新的知识。

第三节 基于任务型教学的当代英语教学

一、任务型教学概述

(一)任务型教学的内涵

任务型教学要求教师按照学生实际所需制订相关内容,然后学生以这一教学任务为出发点,再制订属于自己的学习计划,并且独立完成。这就使学生能够在学习以及课堂中学会运用语言,从而提升英语的综合能力。任务型教学法在英语教学中是一个行之有效的办法。教师通过这种方法,让学生从原来的边缘化到现在的中心化,由原来的被动变为现在的主动,由原来的排斥学习到现在的主动积极学习。

（二）任务型教学的原则

场景真实、目标明确是任务型教学所遵循的两个基本原则。在任务型教学中，教师主要扮演导演角色，但是要学生通过表达、询问、解释、沟通、交涉等多种语言活动来提升学习效果。在具体的课堂之上，教师可通过多元化的方式开展教学，优化学生的课堂感受或者体验，使他们融入更多学习环节之中，以便于充分地交流和合作。通过这种多元化的学习方式，学生对语言有了更好的认识，运用语言能力以及解决问题的能力也会进一步提高。

二、任务型教学在英语教学中的应用

（一）英语教学中任务型教学的应用原则

1. 以学生为本原则

在英语教学中，运用任务型教学模式，首先要遵循以学生为本的教学原则。因为无论是任务型教学，还是英语教学本身，面对的核心对象都是学生。因此教师在英语教学中应用任务型教学法，必须要做到以学生为本，设置学习任务时，要密切关注学生需求，尊重学生的个性发展，尊重学生的课堂主体地位，提高学生的学习体验，如此才能达到最终的教学目的。不仅如此，在实际开展英语教学时，教师还应充分考虑学生的认知特点，学习任务的设置要注重体现出趣味性，有效激发学生参与任务的兴趣，如此学生才能对英语知识有深刻的认识，并通过任务实践，将英语知识转化为自身的能力，实现更好的发展。

2. 灵活多变原则

英语教学中采用任务型教学模式，还应遵循灵活多变的教学原则。教师在实际开展教学的过程中，针对任务设计，需要采用灵活多变的方式，为学生呈现丰富的任务活动内容，从而一改以往学生对"英语学习枯燥无味"的刻板印象，成功激发学生的英语学习兴趣，引导学生真正参与到课堂学习中来，并全身心地投入其中，深入理解英语知识，提高学生的英语学习效果。

3. 实践性原则

在当前，随着教育改革的逐步落实，对英语教学也提出了更高要求。在改革的推动下，教师可以深入挖掘任务型教学的价值。教师在课堂之上，要遵循实践性原则，注重凸显学习任务的实践性，而不是将学生禁锢在题海之中。

（二）任务型教学在英语教学中的应用实践

1. 设计任务

基于任务型教学的内涵，任务是教学的核心，也是学生获得英语知识的主要载体。因此，要想提高任务型教学课堂活动的质量，首要的问题就是科学设计学习任务。具体来说，教师在设计学习任务时，应关注以下三个方面。

首先，应确保设计的学习任务具有目的性、操作性。教师在设计英语学习任务之前，必须要对英语教材内容、教学目标进行深入、全面的分析，始终围绕某一个主题设计英语学习任务。其次，教师还应立足于学生的实际情况，设计出与其认知发展水平、兴趣爱好一致的英语学习任务，这样才能达到激励学生的效果。最后，还应确保英语任务的层次性。为了促使学生更好地开展任务学习，教师在设计英语学习任务的时候，还应遵循"由简单到复杂"的规律，设计出具有层次化的教学任务，引领学生在层层递进的学习任务的引领下，完成英语的深度学习。

2. 完成任务

英语教师在开展任务教学时，如果制定出学习任务之后，直接引领学生围绕任务开展学习，学生往往不容易找到任务的突破口，甚至会在探究中偏离任务的方向，不能够有效完成任务。在这种情况下，英语任务学习模式就会戛然而止，难以达到预期的教学目标。面对这一现状，英语教师在开展任务教学时，必须要在抛出学习任务之后，结合现阶段学生的实际情况，围绕学习任务展开分析。在此基础上，教师按照小组合作的学习模式，提前对学生的英语知识掌握情况、学习能力、兴趣爱好、性格特征等进行了解，并结合"组内异质、组间同质"的原则，科学划分小组，围绕设计的任务展开探究。学生在对任务进行探究学习的过程中，应充分发挥自身的引导价值，指导学生在思考和讨论中，通过"群策群力"共同完成既定的学习任务。

3. 结果评价

教学评价在课堂教学中占据十分重要的地位。但是在传统的英语课堂教学中，教学评价束缚在考试评价这一形式中，更加关注学生的学习成绩，存在极强的滞后性。面对这一现状，教师要采用与任务形式相适应的评价方式，关注学生在任务中的表现、态度以及探究过程等方面内容，开展科学的评价。一方面，任务教学模式下，教师在优化评价时，不仅仅要关注任务的达成情况、学生的英语成绩，还应关注学生的任务探究过程，针对任务学习的过程、方法、情感等进行全方位的评价，确保教学评价的全面性、客观性；另一方面，在任务型教学模式下，不能局限于教师评价中，还应对教学评价的主体进行拓展和延伸，将学生纳入教学评价中，引导学生在自我评价、相互评价的过程中，取长补短，共同进步。

第四节　基于产出导向法的当代英语教学

一、产出导向法概述

产出导向法（Production-Oriented Approach，POA）是由文秋芳教授及其团队创建的、具有中国特色的外语教学理论。该理论以解决我国英语教学中"学用分离"的问题为目标，旨在提升我国大学英语教学效果，提高学生在真实的交际活动中综合运用英语的能力。在后方法时代，中国学者在借鉴国外二语习得理论及外语教学理论的基础上，依靠中国智慧，立足我国外语教学实际和实践，历经十余年的理论探索和一线教师的行动研究，形成较为完备和成熟的POA理论体系，是构建我国本土化应用语言学理论的一次有益尝试和探索。

（一）产出导向法的理论及其发展

POA是基于中国独特的二语学情而建立起来的一种语言教学方法，然而它又并非无视国外经典语言教学与习得理论。其创建者文秋芳教授多年来一直倡导在POA理论体系的建设上需要"融通中外"，在继承国内优秀教育理论精髓的同时借鉴国外理论的长处，使之服务于国内外语教学。在此重点介绍POA产生的时代背景、发展历程及其理论构成。

1.产出导向法的时代背景

POA理论体系的构建既是新时期社会发展的要求，也具有鲜明的时代特征。中华人民共和国成立以来，我国外语教育为我国人才培养做出了重大贡献，然而高校外语教育的质量与社会需求和学生期望还有很大的差距，社会对大学外语教学的满意度较低。"费时低效""高投入、低产出""哑巴英语"等词语几乎已成为大学英语的标签。文秋芳教授团队认为我国大学外语教学存在的根本问题是"学用分离"，即输入和输出脱节的问题，而构建POA理论正是为了解决我国外语教学中"以课文为中心""学时不足""成效不佳"等问题。

我国外语教学，尤其是大学外语教学多以引进国外外语教学理论为主，从听说法到交际法再到目前流行的任务型教学法和内容依托法，这些西方外语教学理论促进了我国外语教学与研究的蓬勃发展。然而，单纯依靠"舶来品"解决本国外语教学问题常常会收起事倍功半的效果，尤其是人文社科理论具有很强的文化情境性，必须在借鉴西方理论的基础上，进行本土化改造，着眼于解决中国外语教学中的实际问题。同时，作为外语教育大国，本土化的中国外语教育理论和教学方法也必须确保其国际可理解度，以便和国际应用语言学界对话交流，让中国特色的外语教育理论走向世界，提高我国在国际应用语言学界的话语权。

POA 理论体系正是在这样的背景下应运而生的，在"融通中外"的道路上促进中国外语教学理论与世界对话，服务于国家战略发展需求，为建设外语教育强国而做出重要学术贡献。

2. 产出导向法的发展历程

POA 理论构建大致经历了五个阶段。第一个阶段为 POA 的初创阶段，POA 团队基于输出假说，针对英语专业技能课程改革提出"输出驱动假设"。在第二个阶段，将"输出驱动"扩展到大学英语教学，将这一假设改为"输出驱动—输入促成假设"。2014 年 10 月，在"第七届中国英语教学国际研讨会"上，将"输出驱动—输入促成假设"正式命名为 POA，初步形成 POA 理论体系。之后 POA 又经历了两次修订，最终形成了具有中国特色、较为成熟的外语教学理论。

需要注意的是，POA 理论早期借鉴了输出假说，但 production 和 output 含义不同。POA 中的 production 同时包含产出结果和产出过程，主要是指说和写，还包括翻译（口译和笔译），而输出假说中的 output 一般指语言结果，以说和写为主。另外，POA 由于对语言产出有较高要求，适用于中高级学生，而输出假说并没有特定的语言学习对象，适合初级学生。不论是输入假说还是输出假说，都肯定了输入和输出在语言习得中的重要作用，但割裂了两者之间的关系。POA 理论则将输入和输出统一起来，辩证地看待两者在二语习得中的作用。首先，输出是语言学习的目标，同时也是语言学习的驱动；其次，输出驱动能有效提高输入吸收率；最后，输入促成为输出提供高质量的内容、语言和结构方面的支持。

3. 产出导向法的构成

POA 理论体系由三个部分组成，包括教学理念、教学假设和教学流程。这三部分由抽象哲学理念到二语习得理论假设，再到具体教学技巧，构成了一个从宏观至中观，再到微观的完备理论体系（图 2-4-1）。

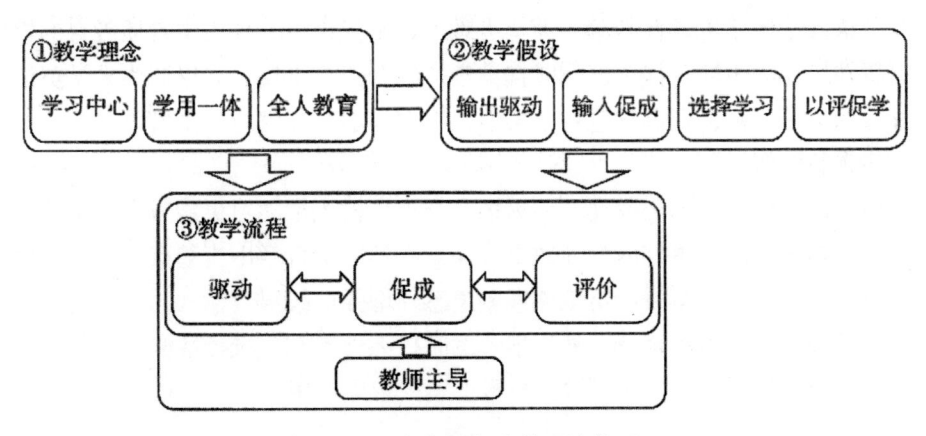

第二章 基于多种教学模式的当代英语教学

图 2-4-1 产出导向法的理论体系

（1）教学理念

①学习中心说。POA 提倡"学习中心说"（learning-centered principle），主张课堂教学的最高标准是有效教学，正视学生需求，批评填鸭式教学方式，对我国外语教学发展起到了推动作用。但 POA 理念认为，在中国外语教育背景下，"学生中心说"容易将教师的作用边缘化，不能发挥教师在教学中的主导作用，教学效率低下。"学习中心说"认为无论以教师为中心还是以学生为中心，重要的是在有限的课堂教学时间中，合理实施教学计划和开展教学活动，关注学生能学到什么，而不是谁起主导作用。

②学用一体说。学用一体说的原则是将学习与实践应用的综合能力整合为一体，建立相对完整的语言学习体系，高效整合以往学习与实践应用分开的情况。学用一体说既培养了学生的综合能力，又帮助学生在输入学习和输出应用方面实现了紧密结合。输入型学习包括听力和阅读，输出性应用包含口语、写作、口语翻译以及书面翻译等能力的培养。教师应充分应用教学资源和教材的内容，采取多元化的教学方法引导和辅助学生接受外语知识，从而培养学生日常交际当中的英语输出能力，让学生能够通过学习实现提升个人语言能力的目标。

③全人教育说。人类是具有情感和思想的，而并非学习的机器，因此产出导向法主张以人为本，全面发展科学教学，引导学生自主学习。在英语教学过程中，应当引导学生从智力、情感和道德方面来学习和掌握外语知识与能力，不能仅仅关注提升学生的学习成绩，或者将其作为工具性目标，而是培养学生综合运用英语的能力，达成人文教育引导目的。产出导向法可以提升学生的批判性思维能力和自主性学习能力，从而培养学生的综合文化素质。长久以来，很多学者都

认为外语教学属于工具性教学，而全人教育说则提出了开展人文素质教育的重要性，旨在培养学生综合能力的同时提高学生综合人文素质，并以此为大学英语阅读学习的根本目标，提倡学生将全人教育说作为学习外语的主要指导理念。

（2）教学假设

教学假设中的"输出驱动"认为语言产出比输入性学习更能激发学生的求知欲和学习热情，获得更好的学习效果。课堂教学以语言产出为起点，学生在意识到产出困难后会增强学习的饥饿感和紧迫感，增强后续语言输入的学习动机和目的性。随着信息技术的普及，外语学习的时机无处不在，选择性学习成为一种必然趋势，因而教师在如何选择输入材料上发挥主导作用。

（3）教学流程

POA 教学流程分为三个阶段——输出驱动、输入促成和师生合作评价，在这三个过程中，教师都发挥主导作用，具体表现为引导学生产生输出动力、合理设计课堂和课外输入活动、适时提供支架等。

①驱动。以输出驱动实现输入促成，提高语言学习实效。输出是语言学习的动力，也是语言学习的根本目标。与输入式的学习相比，输出式的学习能够更好地提升学生的学习效率，并且能够培养学生的学习兴趣，激发学生的学习热情。教师应引导学生学习语言技能，从开展输出任务开始，然后由学生尝试完成输出任务，得到越来越好的输出效果。在整个过程中，学生不仅可以认识到什么是输出任务活动，还可以提升自身的文化素养和交际能力，有助于培养学生的综合素质。与此同时，学生还能够认识到自身语言学习能力存在的不足，更加主动地完成自己的输入学习和输出任务，从而弥补自身存在的不足。

输出驱动环节对教师最具有挑战性，因为这需要教师衡量产出目标语言和产出任务之间的匹配度，并围绕产出目标设计适宜的产出场景。

②促成。"促成"环节要求教师描述产出任务并提供输入材料，需要注意的是，教师必须将输入材料根据内容、语言形式和话语结构进行划分，以帮助学生完成产出任务。学生可以自主选择为完成任务所需的输入材料类型，无论学生选择哪种输入材料，教师都必须及时检查学习成效。

产出检查环节必须在教师的指导下循序渐进，并对学习效果进行及时评估，从而检测学生的任务完成情况。促成环节最能体现教师的支架作用。根据社会文化理论，教师的支架作用首先必须建立在对学生现有水平了解的基础上，并且提供的帮助必须适可而止，过多或过少都不利于学生语言水平发展。同样，提供帮助的不一定必须是教师，也可以是同伴，这样既能减轻教师负担，也可以促进学生自主学习；对于高水平的学生来说，还可以自己寻找输入学习的材料，提高自身的责任感和能动性。

③评价。"评价"可以分为即时评价和延时评价两种。即时评价是指促成环节中的练习检查。延时评价是教师在课外评价学生的产出成果。产出成果可以是口语也可以是书面语，但教师必须在课堂评价之前对产出结果有一个预先评估，做到有针对性和区别性。师生合作评价是 POA 根据我国大学英语教学负担过重的问题提出的教学评价新设想，以平衡教师评价和同伴评价等其他评价方式，达到"以评促学"的效果，提高我国大学英语教学的有效性。

POA 理论体系将教学理念、教学假设和教学流程构成了一个有机整体，各部分互为依托，从哲学世界观、外语教学理论到具体教学实施形成了一套完备的理论体系，以我国外语教学中的实际问题为出发点，为我国外语教育的一次本土化理论创新。同时 POA 教学操作流程清晰明了，为我国高校外语教师进行课堂教学提供了实际操作范本。

（二）产出导向法的实证研究

文秋芳教授团队围绕 POA 理论的具体教学实施和教学有效性开展了一系列教学行动研究和实证研究。POA 相关教学实践和教学实证研究大量涌现，从多维度证实了 POA 理论应用于大学英语课堂教学的可操作性、可行性和有效性。

1. 产出导向法课堂教学实践研究

（1）大学英语课堂教学实践研究

目前围绕 POA 理论的研究多以教学实践为主，用以解释 POA 课堂教学流程和各个教学环节。这些教学实践多以问卷调查、学生访谈和学生日志为数据收集手段来证明 POA 教学的有效性，并为 POA 理论的进一步完善提供实践依据。

（2）ESP 课堂教学实践研究

除大学英语课堂外，还有一些研究将 POA 理念用于特殊用途英语（ESP）教学实践，并构建基于 POA 的 ESP 课程教学设计框架，以期优化教学效果，提高学生的学习动机和产出效果。

（3）对外汉语课堂教学实践研究

POA 理论也可用于对外汉语教学实践。相关学者考察 POA 教学在马来西亚留学生汉语课堂上产出性目标的达成性。实验研究初步表明，虽然 POA 对外汉语教学产出性目标的达成性效果较好，学生在汉语写作的篇章组织能力、句子平均长度上均明显高于非 POA 教学班，但留学生对 POA 教学存在不适感。

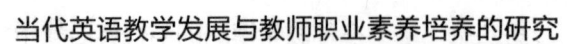

（4）非通用语课堂教学实践研究

除了对外汉语教学外，有一些非通用语课堂教学也实施了 POA 教学理念。

①根据 POA 的三个教学环节在"日语口语"课程中开展一学期的 POA 教学实践。

②将 POA 用于印度尼西亚语初级视听说课程教学中。

③将 POA 理念用于罗马尼亚语综合课程并加以改造，就"餐桌礼仪"主题开展教学实践。

④探索 POA 在朝鲜语专业低年级教学中的可行性，设计了朝鲜语屈折词缀的综合课教学实践，教师直接参与产出活动，通过与外教合作促进教学与评价的结合。

这些研究都表明 POA 不仅可以用于大学英语教学、ESP 教学、对外汉语教学，也可以用于其他非通用语种教学，且从教学效果上来说，POA 提高了大学生的语言产出能力，调动了他们学习的积极性和自主性。

2. 产出导向法有效性研究

"产出导向法"的提出是为了解决国内英语教学中出现的学用分离的问题。研究表明，产出导向法能激发学生应用知识和技能的愿望，增强学生用英语做事的兴趣，提高学生可选择性输出语言的效率，提升学生的口语输出能力。有学者将产出导向法应用于非英语专业口语教学中，研究结果显示该教学法更能提高非英语专业学生的口语表达能力。还有的专家分析论述了产出导向法中的"全人教育说"这一教学理念，认为教师不仅要在课上教授语言知识，还要注重发展学生的人文素养。

另外，还有一些 POA 相关研究采用实证研究的范式，证明 POA 教学的有效性。有学者通过一学期的教学实验检验 POA 的有效性，研究结果表明同对照组相比，实验组学生的英语总体水平无显著差异，但写作和听力水平显著提高，翻译水平无变化，阅读水平显著下降，而高水平学生提高显著，证明 POA 比较适合高水平学生。还有一部分研究者关注 POA 教学和具体语言技能提高之间的关系。但是，POA 教学是否能提高学习效果还值得商榷。有学者将 POA 的教学流程用于英语通用语的教学，重点关注语音和口语产出。一学期的教学实践表明基于 POA 的口语语言教学增强了学生英语口语表达的自信心，提升了中国学生在国际交流中口语表达的可理解性，但该研究没有对照班，数据来源主要为学生问卷和教学日志，缺乏实验测试数据。还有一些研究者关注 POA 理论驱动的词汇教学模式，将 POA 与认知语言学教学观结合起来，尝试 POA 课堂词汇教学模式构建。相关研究者将POA用于学术英语写作名词化教学研究，以促成教学环节为例，通过学习日志、访谈和产出文本，证明POA能有效促进名词化教学，提高学生学术英语写作中名词化产出的数量。

3. *产出导向法教材研究*

除了教学实践和教学有效性研究外，POA研究团队还关注POA理论在教材开发、编写和使用中的作用。这里专家以POA理论为依托，对教材使用提出了较为系统的理论指导，即教师主导说、产出目标决定说和输入材料服务说，批判"过分依赖教材"和"完全抛弃教材"这两种极端做法，提出选、调、改、增四种教材使用策略。

更多的研究以POA为理论指导，深入发掘已有教材的潜力，提高课堂教学效果。例如，结合POA中的选、调、改、增的教材策略和思辨内涵，重新设计教材中"区分事实与观点"这一阅读思辨技能，并对教学效果进行了评估；基于POA教材使用和评价理论框架，从教师视角出发评价"国际人才英语教程"，从产出目标恰当性和促成活动有效性两个方面提出该教材的改进空间，并强调教师在教材使用上的主导作用。

非通用语教学也结合POA理论，对原有教材进行了改编。例如，以输出驱动环节设计为重点，对马来语专业原教材中的课文进行改编和课堂教学实践，弥补了原教材中产出目标不明确和驱动设计不足的缺陷；通过改编德语综合课教材，展示如何有效设计促成活动，并对教学设计进行反思；对僧伽罗语本科一年级综合课教材进行改编，重点对产出任务设计思路与原则进行了说明和设计，采用渐进性原则开展课堂教学实践。这些研究以改编原教材为主，运用POA理念聚焦某一具体教学环节，充分发挥教师的主导作用以提高学生的产出动力和教学有效性；同时通过教材改编，教师反思了教学实践，也实现自我学习和专业发展。

4. *产出导向法教师发展研究*

POA理论构建和教学实践的过程也促进了教师发展，近年来POA教师发展研究受到愈来愈多的关注。专家通过质性研究分析了三位熟手型教师在运用POA理论过程中专业发展的过程，并构建了熟手型外语教师发展的理论框架，该理论框架为一个底座为五边形的四层尖塔（图2-4-2）。五边形分别指教师发展的五个起决定性作用的个体因素和一个位于底部的环境因素，其中个体因素是指自我意识、自我决心、自我目标、自我行动和自我反思，环境因素是指教师专业学习共同体。四层则分别代表教师发展从低到高的四个发展阶段：尝试性、解释性、创新性和解放性。随着教师发展阶段性提升，个体因素和环境因素以及两者之间的互动都发生了相应的变化。

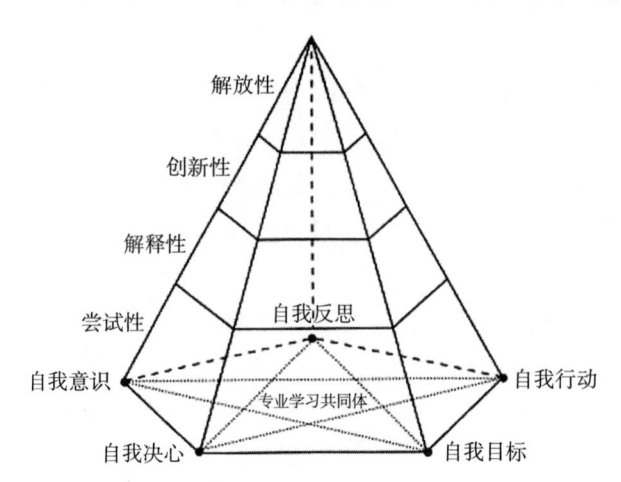

图 2-4-2　熟手型教师的发展阶段及不同维度

专家采用自我叙事研究方法，自我剖析在运用 POA 新教学理论和方法过程中的挑战和收获，揭示外语教师与外语教学理论互动以实现教师专业成长的轨迹，为教师同行利用新理论进行教学实践、寻求自我发展提供借鉴。有学者探讨了教师在应用 POA 理论过程中出现的教师发展矛盾，并通过教学反思日志解决教师发展矛盾的策略和路径。研究发现，教师在践行新教学理论时，经历了"试水期""内化期"和"自觉期"三个阶段，面对不同教师发展时期的不同矛盾，教师发展呈现"否定—发展—再否定"的螺旋上升发展路径。从 POA 教师合作评价实践中进行教师自我发展研究，并借助拓展学习视角，发现教师在师生合作评价过程中的自我发展是一个矛盾驱动、集体合作和横向动态发展的拓展学习过程，而不是传统的静态纵向发展路径，从而为教师专业发展提供借鉴。

5. 产出导向法与任务型教学法对比研究

POA 理论经常和任务型教学法（TBLT）进行比较，文秋芳教授及团队也对两者进行了仔细区分和课堂教学实例对比分析。

POA 和 TBLT 两种方法在教学理念上都突出"全人教育"和"在做中学"，但 TBLT 主张"以学生为中心"，而 POA 主张"以学习为中心"，肯定教师的引导作用。在教学假设上，两者都关注语言输出和语言输入，但 TBLT 表现出"重用轻学"，从而割裂了两者的关系，而 POA 体现"学用一体"，辩证地将两者结合起来；在教学流程上，两者都将语言运用作为教学活动的基础，但有"评学分离"或"以评为学"的区别。

有学者从实际教学活动出发，从教学设计与实施、教学材料和使用场景、对语言和内容的关注点、教材使用的有效性及教师作用等方面比较两种教学方法，对比发现，POA教学材料更符合中国大学生的特点和需求，同时兼顾交际目标和语言目标，密切联系输入和输出，更加适用于中国大学英语教学。如果在英语专业精读课单元教学设计中以案例形式比较POA和TBLT在教学流程上的差异，就会发现与POA相比，TBLT更能激发学生产出内生动力，增强学生的学习成就感，更适合我国外语教学实际情况。虽然目前缺乏两者教学效果比较的实证研究，但教师可以选取两种方法中自认为合理的部分，结合课堂教学实际综合运用。

（三）产出导向法的辩证研究范式

POA以辩证唯物主义思想为指导，吸收国外优秀理论精髓，发展了一套自身独特的辩证研究范式。文秋芳教授率领的研究团队力图通过开展课堂教学研究构建本土化的POA理论体系，并且同时解决我国外语教学实践中的"学用分离"弊端，实现理论、研究与实践的辩证统一。

1. 辩证研究范式产出的背景

尽管POA理论体系构建日臻成熟，但研究团队在选择研究方法检验其效果时，遇到了巨大挑战。为应对这些挑战，文秋芳团队以辩证唯物主义思想为指导，依靠中国智慧，汲取西方研究方法的精华，逐步发展了辩证研究范式（Dialectical Research Paradigm, DRP）。传统实验法虽然是检验教学法有效性的重要手段，但POA教学实践很难满足实验条件，即实验前的自然班难以在语言水平、学习动机和学习时间等方面确保高度相似性；同理，自然班的授课教师也很难保持同质性，即使同一教师也难以确保因教学熟悉度或班级偏爱等因素而导致不同的教学效果，对教学效果的检测很难真正做到客观公正。

POA研究要实现理论创建和教学实践同步优化，而实验研究的目的不是改进教学而是创建理论，行动研究虽然以改进教学为目的，但对理论构建不关注。而POA理论体系不仅仅是构建本土化教学理论，更是为了解决我国外语教育中的"学用分离"弊端，增强外语教学效果，因此文秋芳教授团队探求新的研究方法来解决理论构建和实际应用中矛盾的对立和统一，即辩证研究范式。

2. 辩证研究范式的具体内容

DRP 在哲学观上主张理论与实践之间的辩证统一。选择的系统问题一般以问题为导向，都是现实生活中亟须解决的问题，而不是文献中的学术问题或是个人兴趣。POA 理论构建过程体现了理论与实践的统一，POA 旨在解决中国外语教学中"学用分离"的问题。同西方实证主义方法不同的是，DRP 研究路径不是将高层次的问题分解为若干次级问题，最后形成某个（些）变量或实际问题，而是从高层次问题入手，在构建高层次理论框架指引的同时开展实践，为下一层次的理论问题提供依据。

（四）产出导向法对教学外语的启示

首先，外语教学研究不同于二语习得研究，必须坚持以问题为导向，旨在解决教学中存在的实际问题，提供问题解决方案，而不是仅以学术文献和个人兴趣为出发点。POA 旨在解决我国多年来外语教育中的"学用分离"弊端，提高外语教学效果。因此，外语教师应关注教学中出现的实际问题，以解决问题为出发点寻找外语教学与研究的话题。

其次，在解决外语教学中的实际问题时，不盲目崇拜西方外语教学理论和研究方法，不妄自菲薄，充分依靠中国传统教育理论和哲学智慧解决中国问题。因为不同的教学条件和教学目标，很多外来理论（如任务型教学法）嫁接到国内后容易水土不服，不能解决中国外语教学问题。外语教师应着眼于中国传统教学理论和哲学观，指导外语教学和科研。

再次，明确外语教学问题的系统性和复杂性，做到持之以恒。外语教学不同于二语习得研究，除了涉及语言学习等内部因素外，还有外部因素，如课堂教学环境、教师作用、外语教育政策等，这些内外因素相互作用，因此任何外语教学理论用于外语课堂教学实践中都不可能起到立竿见影的作用，解决外语教学问题是一个全局性系统问题。

最后，外语教学与科研并非完全割裂。POA 理论构建的过程体现了课程论外部视角和二语习得内部视角的融合，即外语教学和二语习得研究成果的有机融合。外语教师，尤其是高校外语教师，应充分利用自己的科研学术优势，善于从真实的课堂教学中发现研究问题，以解决教学实际问题。

二、产出导向法的前景

相关研究发现，产出导向法的主要目标在于提升教学效率，促进学生有效学习。产出导向法主要针对中高级的外语学习群体，但这一学习理论体系也并不排除其他外语学习群体和外语教学群体的应用需求。

首先，应关注到不同层次和级别的外语学习群体。从宏观角度来讲，产出导向法能够科学地实现学习群体的学习目标，并完成教学群体的教学任务。从微观来看，产出导向法能够引导学生掌握科学的英语学习方法并在实践中应用，最终提高自己运用英语的能力。根据产出导向法理论体系中的"学用一体说"，笔者认为无论学习外语的群体水平是高还是低，都可以应用产出导向法提升外语能力，其中存在的差别仅限于实践工作的复杂程度。

其次，无论是针对哪个层次开展的外语教学工作，都必须强调课堂的教学效果。相关研究学者认为在学校开展的教育属于有计划、有组织且讲求效率的教育形式。产出导向法的理论体系则是以学生群体为中心开展教学工作，有效提升学习效率的学习理论和方法，应当成为不同层次外语课堂教学应用的重要方法，这也将成为广大外语教育工作者奋斗的目标和未来努力的方向。

最后，不同层面的外语课堂教学流程基本都以教学理念和教学目标为服务基础。产出导向法的理论体系则为外语课堂教学的流程提供了充分的论证依据，从驱动、促成、评价三个阶段分别入手进行细节的实施，这也充分说明教师在教学工作中作为"中介"的具体作用。教师要认识到课堂教学活动设计的科学性和重要性，并积极地在学生群体中展开，针对不同层面和水平的教学工作，明确教学目标，以此实现更好的教学效果。

三、产出导向法指导下的课程模式构建的意义

以大学英语教学为例，大学英语教学应以英语的实际使用为导向，以培养学生的英语应用能力为重点。在输出驱动、输入促成假设理论的基础上，POA体现了全人教育学说、学用一体说、学习中心说等教学理论。其教学流程涵盖驱动、促成、评价等，有效地弥补了在提倡以学生为中心的建构主义理论中对教师的作用的忽视，同时还解决了行为主义理论因过度强调教师传授知识的主导作用而忽略了学生的参与度和积极性这一问题。与传统教学相比，在此理论体系指导下的教学中，学生在学习活动中的努力得以肯定，思辨能力得以提升，学习热情也得以提高。

（一）产出导向法有助于提高教学效率

POA理论在驱动—促成—评价的教学流程中，提倡把驱动环节在课堂开始

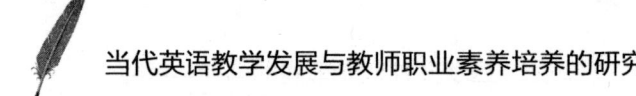

之前完成。比如可以通过布置预习任务，使学生预先了解授课主题，并可以根据自身兴趣、学习能力等情况进行课前的自行扩展。教师在课堂上的促成部分中可以通过检查预习任务等环节实现教学任务的分解，使得学生在无形之中就能达成教学目标。此设计的科学性是显而易见的。首先，对于一节课 40—45 分钟的教学而言，该设计大大提高了教学效率，优化了课堂教学时间的分配。教师可以将更多的时间分配给促成活动和产出评价。众所周知，良好的预习对于教学任务的推进有着积极重要的作用。而在教师指导下有效的驱动能最大限度地保障预习的完整性，以实现课堂效率最大化。其次，由于学生在课前已完成预习任务，在教师的积极促成下，课堂的参与感油然而生，学习积极性就不言而喻了。另外在促成的过程中，学生会在产出任务的指引下有选择地、不间断地学习，这种将学习的最终成果体现到产出任务中的学习模式使得学生的学习热情空前高涨，他们不再是坐在下面单纯地听讲，而是在实现自己的当堂课的小目标，因为后面随之而来的是评价环节。

（二）教师角色的转变

与传统的课堂教学相比，教师从"填鸭式"的灌输中解放出来，不再是单纯的传授和迁移知识，更大程度上体现的是引导和中介的作用，实现英语的应用型价值。另外，教师需要通过适度的驱动帮助学生形成独立思考和解决问题的能力，引导其完成自主学习，培养其自我评价能力。所以教师的角色不再是单纯的教授知识，而是要在这个过程发挥更全面的育人作用。

（三）创新性和实践性的变革

传统的教学模式下，课堂大多是被教科书的内容所束缚的，教学目标和任务也是围绕课本内容开展的。然而由于教材不能够及时更新换代，教科书的内容很多与时代相去甚远，比如《大学英语综合教程》第四册第二单元 Smart Cars 里面诸多内容落后于当前时代发展现状。故若单纯得像传统意义上的"啃教材"，学生可能并不会很感兴趣。那么英语的应用型目标也必然无法得以实现。但是在 POA 指导下，大学英语教师可以依据教学目标，结合当前信息化的特点，从实际或事实出发自主筛选需要的驱动材料，或音频或视频，使得教学内容更加具有时效性。如此即便教科书内容部分略落后于当前科技，但是其内在的主题、语言内容等可以被挖掘并迁移。同时在教师的促成过程中，学生甚至可以通过对比感受到当前汽车发展的状态，在体现英语语言的文化性的同时，培养了自己的思辨能力。

第二章 基于多种教学模式的当代英语教学

四、产出导向法英语线上课程模式构建

（一）场景设计，智能驱动

在产出导向法指导下的教学流程中，驱动作为教学流程中的起点环节，其涉及三个子环节之间依次推动，循序渐进。呈现真实交际场景作为驱动环节中的第一步，其场景设计创意会深刻影响到产出导向法的教学效果。场景设计的核心要素就是真实性、交际性、产出性。简而言之，场景设计就是围绕真实的场景或者情景开展有目的、有意义的交际活动，让学生仿佛置身于真实的外语交际环境中，完成产出目标，实现听、说、读、写、译等各项英语技能及能力的锻炼。在这个过程中，产出任务既符合学生语言水平，又需要任务本身存在一定的复杂度与高阶性，即产出任务需要集知识、能力、人文素养三位一体、有机融合，培养学生的知识学习能力、学科素养及思辨、质疑、创新精神，突破惯性思维。要达成以上驱动教学效果，笔者认为通过现代教育智慧技术平台、采用微课、小视频等方式实施输出驱动，是一个很不错的选择。微课，顾名思义，就是微型教学小视频课程，是一种可视化、场景化、视听一体的课程资源，支持多种学习方式。微课的特点非常契合"驱动"环节中要求的真实性、交际性场景呈现要求。另外，微课的视听一体形式既直接创设场景、目标，又给学生提供了一个学习与思考，发挥个人主观动性的平台，抵消了传统课堂中教师主导的说教式评价方式及避免了小组讨论中的同伴压力。教师可以通过教学团队集体参与录制微课，或者利用网络寻找合适的视频资源，通过录制、剪辑、合成等编辑手段进行加工，最后把这些资源利用学校网络教育技术学习平台，如外研社的U校园平台、超星学习通、雨课堂等呈现给学生。

（二）线上搭台，聚焦促成

"促成"是产出导向法指导下教学流程中的主要环节，对产出质量起着举足轻重的作用。如何提高促成有效性就成了教师线上教学设计中需要认真思考的一个重点问题。文秋芳教授主张"促成有效性标准"具有三个指标：渐进性、精准性、多样性。渐进性主要是指教师开展输入材料促成活动需要切实考虑学生的认知水平，按照难易度、复杂度，遵循依次递进、层层推进的原则，对接产出任务，做好脚手架，让学生清楚了解产出任务路径及要求。精准性主张促成活动需要对标明确的产出目标；教师关注学生的产出过程，特别是针对产出过程中遇到

的困难，提供实现产出目标需要的内容、语言及话语结构等智力支持。多样性是指促成环节中信息传递渠道及活动组织方式多样化。比如，教师围绕学用一体的教学理念，引领学生进行视听说、读写译等输入输出活动，丰富信息传递渠道；通过对话、讨论、访谈、演讲、角色扮演等交流互动方式，开展学生个人、集体、小组、师生共同参与的多元化课堂活动。

信息智慧教育技术平台赋能的多样性任务设计，不仅能使课堂活动丰富多彩、聚焦产出任务，而且还能调动课堂气氛、提高教学效果。教师可以借助在线智慧教学平台，以直播课的形式来完成促成环节。比如，笔者就通过超星学习通+QQ群中的"群课堂"进行输入促成教学环节。在制作PPT展示过程中，教师依据学生现有的知识水平及语言认知能力，按照渐进性原则设计促成环节的系列活动任务。任务设计中教师充分利用信息技术教学平台提供的海量资源，有针对性地选择输入材料、提供线上即时指导及多元评价，促成学用一体。通过对输入材料的讲解分析，产出任务的明确，积极在QQ群里给产出困难的学生提供及时帮助，聚焦产出任务，积极利用在线平台中的展示功能、互动功能，给学生提供展示平台，同时在平台讨论区域及时组织互动、辩论及案例分析，让学生分享学习成果，打通输入输出双渠道循环，让学生成为知识的主动建构者与促成者。

（三）智慧数据，师生共评

评价环节作为产出导向法教学流程中的最后一环，起着承上启下的作用。在产出导向法指导的课堂教学过程中，教师采用生生互评或师生共评等方式手段对产出成果进行评价，分为即时评价和延时评价，这不同于传统意义上的单一的以教师为主导的终结性评价方式。教学流程通过"驱动—促成—评价"组成完整的、可循环的闭环链完成产出任务，该可循环闭环链可循环N次，达成产出目标。从中可以发现，评价环节既是该循环中的最后一个环节，也是新循环链的一个起点。换而言之，无论是即时评价还是延时评价，都是以促进学习为目的的、以产出目标为导向。

评价既为巩固、复习、强化旧知识，又为呈现、拓展新知识提供引领、指导、促成、驱动等作用。目标导向是指评价要紧扣教学目标，突出交际应用能力。重点突出就是指评价要聚焦主要矛盾，即学生产出过程中主要的困难，采取有聚焦性、针对性、选择性的问题进行评价。教师可以利用线上智慧教学平台，把学生在产出过程中出现的问题，按照内容、语言、话语结构等分类呈现给学生，在评论区或者讨论区引导学生开展自评、互评。同时也可以借助机评即时

第二章　基于多种教学模式的当代英语教学

了解掌握学生的产出效果，促进学生讨论问题、发现问题、探究问题。教师在整个评价过程中循序渐进地提供支架作用，鼓励学生采用独立思考、自主探究的学习方式。在线平台都具备提问功能、讨论功能及评价功能，为在线评价提供了智慧保证。通过对这些平台的后台数据进行分析，教师可以动态监控整个学习评价过程，对学生的产出学习成果，可以通过评讲结合的路径推出优秀的学习成果作为示范，供其他学生学习，以达到以评促学、以优促学的教学效果。这些优秀成果呈现在在线平台上，可以供学生随时随地地查看、观摩，同时也有激励促进作用。总之，这种以教师为主导、以学生为主体、师生合作共建的评价方式有助于教与学之间的双向驱动、促进师生在教学活动中同频共振，为形成以教师引领启迪、学生学思践悟为主要特征的教学常态提供了强有力的保证。

五、以大学英语阅读为例的产出导向法的应用

（一）基于产出导向法的大学生英语阅读学习模式构建

与传统大学英语阅读学习方式不同，基于产出导向法的大学英语阅读学习模式提倡学生群体将自己从课本中学习到的理论知识应用到实践当中。就英语阅读学习过程而言，其由激励、应用和评价三个部分组成。教师作为"中介"，要为学生设计使用语境并设计相关的学习任务，学生完成具有挑战性的任务，并认识到自己在英语阅读学习当中存在的不足，在教师的引导下收集相关资料并进行输出任务的学习。在评价阶段，根据评价标准和维度，有效进行师生评价、学生自评和互评，激发学生的学习兴趣，提升学生的学习自主性，培养其阅读能力和素养。与此同时，教师也应当适时且恰当地协助学生完成输出任务，从而构成产出导向法整体学习流程。

基于产出导向法的大学生英语阅读学习模式是由教师提供关键的英语学习资料和具有潜在交流价值的话题，从而引导学生深入学习英语阅读内容，并形成口头报告模板，再由教师进行记录和评定，了解学生学习中存在的不足和影响因素，从而引导学生深入学习。

建构基于产出导向法的大学生英语阅读学习模式需要由教师为学生提供相关的课题材料，要求学生深入阅读，标记出自身学习到或者想了解的内容，然后在课堂中开展交流讨论，学生和教师交换意见和建议，从而针对课文或资料中的英语阅读内容进行深入分析，激励学生深入理解阅读文章，并且有选择地输入自己需要学习的相关知识，从而完成输出任务和学习目标。教师可以在课后为学生布置相关的作业，为学生选择适合其能力和水平的阅读任务，提升学生的综合实践水平，从而进一步提升学生的英语综合应用能力。

(二) 基于产出导向法的大学生英语阅读学习模式构建效果

基于产出导向法的大学生英语阅读学习模式取得了一定的教学成绩和效果，主要体现在四个方面，分别是大学生的阅读能力、阅读兴趣、阅读自主性，以及对开展产出导向法的学习态度。产生这一教学效果的主要原因，可以归纳为以下三点。

第一，教师通过产出导向法为大学生构建了良好的英语阅读学习模式，为学生提供了具有交际性和实践性的输出任务，这有助于激发大学生英语学习的兴趣，激发他们的探索精神，进而主动追求新知。

第二，开展基于产出导向法的大学生英语阅读学习模式，可以提升学生自主交流和学习的主动性，并且能够丰富学生的知识理念，有助于学生开展合作学习。

第三，基于产出导向法的阅读学习模式能够培养学生的综合素质，训练输出和判断性思维能力，从而真正地达成交流和实践需求，得到英语能力的提升。与传统的大学生英语阅读学习模式相比，基于产出导向法的阅读学习模式有助于加强学生的主体位置，从而提高学生的交际能力，实现学生的语言学习价值。

第三章 当代教师职业素养概述

21世纪是科技化、信息化的时代，全面深化教育改革、推进素质教育、实施科教兴国战略，要求教师不断提高自身的职业素养。

第一节 教师职业素养的内涵与外延

一、教师职业素养的内涵

（一）素质与素养

关于素质和素养这两个术语的含义和区别，不少学者进行了探讨，但至今还存在争论。

在教育界和心理学界，学者普遍认为素质有狭义和广义之分。狭义的素质指先天的生理解剖特点，即从父母那儿获得的遗传特点；广义的素质强调以先天为基础在后天的环境和教育中获得的相对稳定的身心特征及其心理品质。由此可见，广义的素质就是素养。素养是教化的结果，是通过训练和实践而习得的思想、品性、知识、技巧和能力的综合，强调了自身努力与后天环境在素养的形成过程中的作用。

（二）职业素养与教师职业素养

个人成功地应对职业情境的挑战需要的内在条件的集合就是职业素养。显然，它强调知识、能力、态度的统整。因此，职业素养则是指职业内在的规范和

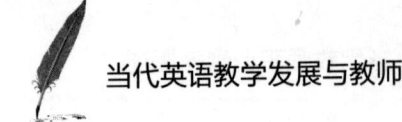

要求，是在职业过程中表现出来的综合品质，包含职业道德、职业技能、职业行为、职业作风和职业意识等方面，是以上因素有机联合的整体。

教师的职业素养是当代教师质量的集中体现，它是由与教师职业性质相关的综合性要求决定的，其内涵是多层面、多领域的。目前学术界普遍认为，教师的职业素养是知识、能力、态度的综合。

二、我国教师职业素养的历史演变

什么样的人才能成为教师呢？这是一个古老而又经常唤起人们重新思考的话题。社会在发展，时代在进步，对人才的要求也随之改变。每当人们重新审视教育的时候，总不可避免地论及教师问题。因为教师质量既是教育质量的重要内涵，又是影响教育质量的关键因素，而教师的职业素养则是教师质量的集中体现。在不同的历史时期，对教师的素养要求也有所不同。

（一）古代社会

在古代社会，人们对教师的职业素养的要求着重强调道德伦理方面。

自学校教育产生以后，人们就开始探索什么样的人才能成为教师。西周国学教官的录用原则为"有德者，有道者，使教焉"。由此可见，强调教师的道德品质是奴隶社会选拔教师的首要原则。这一传统一直影响到了后来教师任职的标准。孔子也认为"师无常师"，只要道德高尚，无论谁都可以成为老师。同时他将育人与正己并重，提出"其身正，不令而行；其身不正，虽令不从"。在治学态度上，孔子要求教师要"学而不厌，诲人不倦"。在以孔子为代表的儒家思想的熏陶下，教师被奉为礼的化身、道的代表、德的典范，并自觉地充当起传统思想道德文化的传承者、示范者和践行者。孔子本人也因此被尊为"万世师表"。

儒家注重教师的道德修养，但也不否定教师教学能力的重要性。荀子在强调教师的个人道德修养的同时，还对教师的表达能力也提出了一定的要求，凸现了对才的重视。

到了两汉时期，由于太学的兴起，学生规模庞大，太学的教师的挑选也非常严格，需要经明行修、德才兼备，还要有一定的教学经验。董仲舒提出，"善为师者，既美其道，有慎其行"，主张教师应当是世人的模范，这成为汉代太学"严于择师"传统形成的理论依据。

魏晋以后，因为教师的主要职责是传经授业，教师任职标准也发生了变化，越来越重视教学的能力。《资治通鉴·宋纪五》中提到北魏时期的"教师楷模"索常和常爽的事迹时，提到"敞为博士十余年，勤于诱导……爽立赏罚之科，弟子事之如严君"。从这些记载可以看出，教师已非常注重教学的方法了。

隋唐以后实行科举取士，科举考试逐渐成为教育内容的指挥棒，教师首先要成为饱读诗书的人才能授业。这些原因使得以德性和道统为核心的"师道之不传也久矣"。由于过分强调经师的作用，教师逐渐把德置于才之后，转而通过努力掌握文化知识来获得世人的关注，导致"师道沦丧"的巨变，教师的社会影响力大不如以前，最后出现了知识分子耻于为师的风气。于是韩愈发出了"师者，传道、授业、解惑"的呼声，力图恢复两汉之传统，改变教师只注重传授科举之术，而忽视道德教育的局面。

宋明清时期封建政权加强了文化垄断和思想专制，于是教师职业角色和对于教师的遴选要求又回复到伦理本位。宋明时期重新强调教师在知识、道德和人格等方面必须是学生遵从的楷模和榜样。

中国封建社会朝代更替，对教师从业者的要求从表面上看一直在变化，但实质上教师的职业价值观并未发生根本的变化，教师的主要使命是"传道"，进行道德教化，因而对教师的素养要求也主要体现在德性上，择师和为师的标准主要是道德伦理和相关的人文知识方面。

（二）近代社会

近代社会对教师的要求强调教师对学科知识的掌握和具备教授这些知识的能力和方法。

进入近代社会以后，教育也开始了从传统教育向现代教育的转型，进入了一个现代教育的启蒙阶段，其独特性是以强国的"救亡"诉求和现代国民性的"树人"诉求交织在一起的。在启蒙文化的背景下，教师肩负着通过树人来实现教育救国的社会使命。

中国从传统教育转型为现代教育的过程中，实行分科教学，这要求教师必须掌握一定的学科知识并具有教授这些知识的能力和方法。这一时期，政府不仅从法制层面规定教师任职的必备条件，而且还提出了教育教学的行为标准。归纳起来，民国时期关于中小学教师的行为标准有四个方面：第一，身体之资格，如身体健康；第二，智力之资格，如应有求实的品质、学习的态度、精深的学问、渊博的知识、广博的见闻、创新的见解、锻炼之心意、应用之才能等；第三，精神之资格，如热心、进取、遵守法令等；第四，道德之资格，诸如合作、公平、忠信、谦逊、笃实等。

（三）现代社会

现代社会，对教师的职业素养要求走向专业化标准。

现代生产发展和公共教育制度的建立，尤其是师范教育制度的产生和教育科学的长足发展，使教师职业素养受到了专门训练并有了坚实的理论基础。教师职业由此从匠艺式职业而逐步发展成为一门专门性职业。中国教师的从业活动是一个专业化发展的阶段。在专业化发展阶段，教师要以一个专业形象出现在教育教学活动中。总之，教师应形成以专业理念、专业知识、专业技能、专业态度和专业伦理规范为主要内涵的专业特质，为受教育者提供高质量的教育服务。

三、影响教师职业素养的因素

从我国教师职业素养的历史发展中，我们可以看出教师职业素养的内容、标准的发展和以下几个因素息息相关。

（一）教师的职业价值、角色及职责

教师的职业价值决定了他在教育教学活动中扮演的角色，而角色决定了他的工作职责，履行这些职责需要教师有应对具体工作情境的知识、能力以及态度，这种知识、能力、态度的综合体就是教师的职业素养。

在封建社会中，教师的职业价值是维护封建道统的地位，教师的角色就是一个传道、卫道者，所以对于教师的任职标准更多地强调其道德修养。古代教师缺乏专业化的培养和训练，对教师职业素养的要求是非专业化的标准。尤其是在如何教方面，还没有形成一种专门的学问。他们是在教书育人的实践中摸索和总结经验，从而学会教书育人的。

到了近代社会，教师的职责在于"开民智""新民德"，将民众从封建愚昧中解放出来，因此传播科学文化知识、推动社会进步成为教师的主要职责。而师范教育中分学科培养专业教师的体制又强化了教师的学科专业意识。从某种意义上讲，这一时期凸显了教师传授科学文化知识的职业价值，故对教师职业素养的

要求注重其对知识的掌握和具备教授这些知识的能力及方法。

到了现代社会，随着科技的发展和进步以及人才观的改变，教师的职业价值的内涵更加丰富，不仅仅在于传递科学文化知识，还在于培养具有创新精神和实践能力的人才。教师的角色也变得更加多样，因此对教师职业素养中的知识、能力、态度等方面都提出了更为丰富和更高的要求。

（二）知识传播媒介的变革

早在20世纪60年代，英国学者阿什比就提出人类历史上曾经历过三次教育革命，而这三次教育革命的共同之处就是围绕文化传递工具的使用进行变革。21世纪以后教育技术变革划分为五个阶段：口传时代、手工书写时代、印刷时代、电子传播时代和数字时代。在不同媒介技术的影响下，教师职能有明显的不同，教师的职业素养也因此而不同。

在口传时代，口语是人类最基本、最常用和最灵活的交流手段，教育就是通过口授耳闻来实现的，所以对教师教学能力的要求强调口头表达的重要性，如荀子提出的"诵说而不陵不犯，可以为师"。当然，教育作为传播文化的主要途径，即使在今天口头传达仍然是一种基本而重要的教学能力。但是，口语只能在很近的距离内传递和交流信息，且信息转瞬即逝，其保存和积累只能依赖人的记忆能力。后来，文字的出现克服了口语转瞬即逝的缺陷，能够把信息长久地保留下来，并且实现了信息的远距离传播，扩大了人类的交流空间。这成为学校教育产生的一个重要基础，必然要求教师有一定的书写能力。印刷术的发明标志着人类已经掌握了复制文字信息的技术原理，印刷体的教科书得以出现，再加上班级授课制的产生，学校教育得到了极大的普及。但师生的交流仍然发生在封闭、固定的课堂环境中。后来进入电子时代，电视以及远程教学突破了封闭的时空限制，但信息的传递还是局限于单向传播。

因此，口传、手工书写、印刷、电子传播从本质而言都属于传统教育媒介，它决定了教学资源非常有限并且不易检索和获取，教学不能实现开放和双向的互动，教学方法单一，难以实现因材施教。教师的职业素养强调了对学科知识的掌握，对教学能力的要求局限为"三笔一话"。而在信息社会，知识传播媒介发生了革命性的转变，各种媒介走向融合，传播无论在时间、空间上都远远超过了以往，故对教师的职业素养提出新的要求，即培养信息素养。

第二节 教师的教育理念

一、教育理念概述

(一) 教育理念的含义

1. 理念

中国古代尚无"理念"一词。但中国古代哲学范畴中的"理"与西方古代哲学范畴中的"理念"在内涵上有许多相通之处。

从字源上看,"理"最早出现于《诗经》。《小雅·信南山》中提到:"我疆我理,南东其亩。"原意是指整理、治理土地疆界。其后,中国历代"理"的内涵经历了一个过程:秦汉时期,人们多次谈到"理",如"礼也者,理也"。理为礼,即行为规范;西汉董仲舒以理为天授,故称"天理";魏晋南北朝时期形成了玄理;唐代华严宗提出理、事范畴,理为事本,事依理彰,"理"为"空理";宋明理学以理为精神实体,并上升至最高本体。例如,朱熹认为,理先天地而存在,为万物之主宰;王守仁的心学则认为"心外无物""心外无理"。在鸦片战争后的近代中国,理为公理、真理。虽然我国哲学意义上的"理"产生得很早,但"理念"一词出现得很晚,直到20世纪20年代李大钊、秦牧等人才开始使用"理念"一词。

"理念"不同于概念、观念,也不同于理想、信念,它是一个精神、意识层面的上位性、综合性结构的哲学概念,是人们经过长期的理性思考及在实践中探索形成的思想观念、精神向往、理想追求或哲学信仰的抽象概括。简而言之,所谓"理念",是指人们对于某一事物或现象的理性认识、理想追求及其所形成的价值观念体系。

2. 教育理念

"教育理念"是当今教育界使用频率较高的一个词语。然而在包括《教育大辞典》和《中国大百科全书》(教育卷)在内的多部权威性教育典籍中,却都没有教育理念这一词条。而那些以教育理念为论题的文章,也多数回避了对教育理念这一概念本身的阐释。

当前研究者对教育理念及其重要性的认识,至今尚未取得比较一致的看法。

有的学者认为，教育理念是人们追求的教育理想，它是建立在教育规律的基础之上的；有的学者认为，教育理念是关于教育发展的一种理想的、永恒的、精神性的范型；还有的学者认为，教育理念是指人们对于教育现象（活动）的理性认识、理想追求及其所形成的教育思想观念和教育哲学观点，是教育主题在教育实践、思维活动及文化积淀和交流中所形成的教育价值取向与追求，是一种具有相对稳定性、延续性和指向性的教育认识、理想的观念体系。

（二）教育理念的种类

教育理念的种类有许多不同的划分标准。依据时间概念可分为过去的教育理念和现在的教育理念；依据地域概念可分为本土的教育理念和外部的教育理念；依据主体概念可分为个体的教育理念和群体的教育理念；依据存在形式可分为内隐的教育理念和外显的教育理念；等等。下面根据阐发来源的不同将教育理念划分为三种类型：国家倡导的教育理念、由国外引进的教育理念和由国内教育界提出的教育理念。

1. 国家倡导的教育理念

国家倡导的教育理念，是指由国家权力机构提出并倡导实行的教育理念，主要以国家的教育方针、政策为载体。国家的教育方针、政策是教育发展的最直接的推动力量，其中所体现的教育理念为教育改革提供了最有力的价值导向。

中华人民共和国成立初期的全面发展教育理念、20世纪80年代的"三个面向"教育理念、"四有新人"教育理念，都是国家倡导的教育理念，它们都曾经或仍在作为我国教育改革的灯塔和航标。进入20世纪90年代，素质教育理念被作为我国教育革新的重要课题而提出，直至现在它仍是指引和推动我国教育改革的根本理念。21世纪，人类面临着和平与发展的时代课题，素质教育不仅有助于解决历史进步中的"病症"，比如应试之风，而且有助于解决社会发展、人类生存的问题。因此，素质教育仍是21世纪的主导教育理念。

2. 由国外引进的教育理念

从20世纪60年代开始，顺应国际教学改革的大潮，大量的外国教育理念被引入我国。这些教育理念可以分为宏观教育理念、一般教育理念、教与学的教育理念三种类型。宏观教育理念包括终身教育理念和学习化社会理念。一般教育理念包括全民教育理念、合作教育理念、范畴教育理念、环境教育理念、创新教育理念、创业教育理念、学习型组织理念、校本管理理念、教师专业化理念、多元智能理念。教与学的教育理念包括发展性教学理念、掌握学习理念、学科基本结

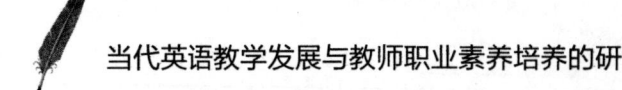

构教学理念、范例教学理念、交往教学理念、情商理念、认知学习理念、建构主义学习理念、最近发展区理念、教学过程最优化理念、发现教学理念、暗示教学理念、校本课程理念等。

3. 由国内教育界提出的教育理念

20世纪90年代以来，国内教育界的专家、学者们着眼于我国教育现实而提出的一些带有很强本土色彩的教育理念产生了广泛的影响。这些教育理念，有的由国内的教育理论者开创，有的则源自教育实践者的智慧。

主体性教育理念是我国的教育理论工作者将主体性哲学理念延伸至教育领域而阐发的，它直接针对学校教育中学生学习过度被动的弊端，对我国的教育理论与实践领域都产生了广泛而深远的影响。在实践中，注重发挥学生的主体性的口号已广为流传，为绝大多数领导者及教师所耳熟能详，主体性已经成为当今学校教育领域中的一个极为重要的词汇。新基础教育是一项立足于时代特点与我国教育实际的原创性研究，它从对我国当今社会转型变革的体悟、对时代精神的把握及对现有学校教育深层问题的分析出发，着力于探讨并建构新型教育理论体系与学校教育实践形态。

二、教师教育理念的形成策略

（一）从理论提升到实践创制

1. 从教育经典著作中汲取理论精华

教育经典著作蕴含着教育家深刻的教育思想，教师能在学习中获得思想的熏陶和启发。不论是《大教学论》《爱弥儿》，还是《给教师的一百条建议》《爱的教育》等，这些都是教师的精神支柱与思想力量的源泉，都需要教师去欣赏和研读。阅读教育经典著作需要静下心来细细研读，而不是简单的浏览。

教师经过耐心研读之后，才能领悟教育家的教育智慧，感受教育家的教育情感，从而与教育家产生思想与情感的共鸣。同时，教师在读书过程中能感受到教育家对于教育的理解与追求，进而潜移默化地影响教师自己的教育理念。

2. 在教育实践中生成教育理念

教师在教育实践中能够发现教育问题，深化个人的教育理论，形成教育观念，这有助于教师在教育实践中生成教育理念。教师在教育实践中逐渐了解学生的需要，根据学生的身心发展特点展开教育教学，从而形成与学生发展相联系的教育理念。

（二）从情感体验到理念形成

1. 班级主题性活动的开展

师生围绕一个主题开展活动能够丰富学生的校园生活，有助于师生、生生之间的互动和交流，有助于增强集体凝聚力，促进师生产生积极的情感体验。教师的教育理念的形成离不开情感，师生之间的情感能激发教师的教育热情，加深教师对教育的理解，从而在情感的催化下形成教师的教育理念。

2. 班级活动后的反思与内化

教育理念的形成需要教师在活动后进行积极反思，通过反思，教师能够发现活动中存在的课题。教师将活动中形成的情感力量转化为教师对学生的爱以及今后教育学生的理念。

（三）从言语交流到心灵沟通

师生之间的对话是以平等和理解为前提的，但同时需要教师学会倾听学生内心的情感和想法。倾听学生是教师对学生的一种尊重和理解，也是对学生的一种肯定和支持。教师的倾听伴随师生对话的始终，学生在表达自己想法的同时得到来自教师的回应，使学生感到教师对自己的理解和关注。教师的倾听基于教师以学生的需要为中心，饱含着对学生的爱和支持，使教师更深刻地理解什么是教育，什么是教师的职责。

第三节 教师的素质构成

一、教师素质概述

教师素质直接影响人才培养和教育的质量，要培养出高素质的人才必须要建设一支高素质的教师队伍。提高教育质量的关键是靠教师，即靠教师自身素质的提高。提高教师素质、改进教学工作，是教育改革的一项重要内容。

教师素质是教师稳固的职业品质，它是以人的先天禀赋为基础的，通过科学教育和自我提高而形成的具有一定时代特点的思想、知识、能力等方面的身心特征和职业修养。教师素质是教师为完成教育教学任务所应具备的心理和行为品质的基本条件。

二、教师职业道德

（一）师德的基本理论

师德师风是评价教师队伍素质的第一标准。师德是指从事教师职业或担任教师角色的人在教育教学活动中应当具备的道德素养和职业品格。它具有职业道德和角色伦理的双重意蕴，规定了教师的基本行为准则，并指向教师为人处世的大格局与高境界，具有一定的社会强制性，又蕴含着教师个体自律、自觉、自主、自由的维度。在新时代背景下，师德则通过"四有好老师""四个引路人""四个相统一""六要"等论述展现出丰富而深入的新意蕴。

1. 师德的一般含义

师德一般是指教师道德或教师职业道德。职业道德是从业人员在职业活动中应该遵循的行为准则和所应当具备的素养或品格。它不同于一般的道德，后者通常与政治、经济、法律等有十分明确的界限与分别，而职业道德往往包含基本的政治立场和法律、规则意识。作为一种具体、特定的职业道德，师德既蕴含着贯穿一切职业道德的一般性，又因教师这一特定职业而具有其特殊性。就其一般性而言，师德涵盖了爱国爱党、遵纪守法、爱岗敬业等方面的内容。这是从事任何职业的人都应当遵循的基本行为准则。就其特殊性而言，师德则涉及教师在教育工作及相关活动中应该具备的道德素养和职业品格，包括关爱学生、为人师表、遵循教育之道等内容。

第一，师德既是一种职业道德，也具有角色伦理的意蕴。教师如同医生、律师、厨师等，首先是作为一种社会职业而存在的。任何职业都有其自身的规范和要求。作为教师职业道德，师德体现了社会对教师这一职业的有关规定和要求。具体而言，主要涉及政治、法律、道德和专业精神四个方面的规约。教师在政治方面，应当热爱中华人民共和国，拥护中国共产党；法纪方面，应该遵守作为中国公民应当遵循的一切法律法规和教师行业法律法规（《中华人民共和国教育法》《中华人民共和国教师法》等）；道德方面，应该具备良好的品德，应该以仁爱、公正之心对待学生，应该以身作则、率先垂范；专业精神方面，应当热爱教育工作，兢兢业业、专心致力于教育事业，遵循教育之道，应当重教、乐教、善教。

师德既可从教师职业道德的意义上来把握，亦可从角色伦理的视域加以理解。处在社会关系中的人往往享受一定的权利并承担相应的职责和义务，并希冀在种种具体的人际关系及有关活动中实现自我价值、创造人生价值。"角色"是人在诸种社会关系及相关活动中的一种定位，"角色伦理"则是人如何处理好各种社会关系及合理展开人际活动的道德伦理规范。教师作为一种社会角色，和其他社会角色一样，是在人际关系中被建构和被规定的。这涉及教师和学生、教师和家长、教师和教师、教师和学校、教师和社会、教师与国家等多重关系。就其中最主要的师生关系而言，教师和学生之间不是一种"我—他"关系，即并非主体和客体、主体和对象、自我与他者的关系，而是马丁·布伯所谓的"我—你"关系，即主体和主体的关系。这意味着教师和学生之间应当相互关爱、相互尊重、相互交流、相互促进、相互成就。关爱学生、尊重学生是教师角色伦理的基本要求和基本内容。当然，由于从事教师职业的人不只是担任教师这一角色，还可能是社会公民、家长、子女、领导等不同角色的承担者，所以这必然涉及如何处理多个角色之关系的问题。再加之教师担负着化人育才、培养贤达的重任，自身必须是身正、学高、技精的人之模范。故而师德往往也关联乃至渗透着社会公德、家庭美德和个人品德，而不只是停留于教师职业的行规。

第二，师德既规定了教师施教育人、行事作为的基本准则，也指向教师为人处世的大格局与高境界。教师职业道德首先蕴含着教师行业的底线伦理，规定着教师的基本条件和基本素养。如对教育工作的认真、负责，对学生的关爱、尊重，对教育规律和法规的认同、遵循，对教育之道的专和精，这些都是师德最基本的规定和要求，是衡量一位教师是否合格的基本标准，也是一个人成为教师的资格条件。当然，由于教育的目的不仅仅在于让人懂得生活常识、获得某种具体知识、掌握某种专业技能，更在于使人拥有健全的人格、独立的尊严和自由的思想，所以无论是社会公众还是教师个人，对教师这一职业、这一角色都有更高的期待和要求，尤其是对教师的品德有颇高的期望。所谓"学高为师，身正为范""学为人师，行为世范"，又所谓"春蚕到死丝方尽，蜡炬成灰泪始干"（李商隐《无题·相见时难别亦难》）"半亩方塘长流水，呕心沥血育新苗"（《板书有感》），这些都蕴含着人们对教师应当拥有良好品德与高尚人格的期许。就此而言，师德乃超乎一般的职业道德，存在着高于底线伦理的方面。

第三，师德既涵括了社会强制性的要求，又包含教师个体自律、自觉、自主、自由的意蕴。既然师德规定了作为教师的底线，那么它就势必具有一定的强制性。这种强制性体现在，作为一名教师，必有其该当履行的义务和职责，必有其该当遵循的基本行为准则，亦必有其该当具备的政治立场、法规意识、品德修养和专业素质，如爱国守法、爱生重教、爱岗敬业、认真负责、专业专精等，这些都是教师必须做到的方面。但是，如果一名教师只是守住了底线而并无更高的追求、更加良善的表现，那么这样的师者充其量只能说是一位合格的教师，很难称得上是"良师"或"人师"（与"经师"相对而言）。

自古及今，人们对教师的期待和要求一般超越或高于从事教师职业、承担教师角色的底线，往往认为教师就应当是为人师表、品行优良、情操高尚、三观正确、学识渊博、专业精湛、献身教育、大爱无私、甘于奉献的"良师"或"人师"。也就是说，唯有如此这般的"良师"或"人师"，才是人们心目中的好老师，这样的师者绝不只是被动地按照教师职业的底线伦理去行动，而是在其发自内心的教育理想、教育热情的激发下，积极承担教师使命，自觉遵守师德规范，自主践行教育精神，自由创造教育价值并实现其个人价值与社会价值。这充分彰显了教师的主体性、能动性，无疑也是师德观念的题中应有之义。

古有孔子、墨子、孟子、荀子、朱熹、王阳明等人师典范，今有张伯礼、窦桂梅、孙浩、肖敏、何梅、张桂梅、丁海燕等良师楷模，这些师者均以其切身经历、实际行动和卓越贡献生动又深刻地演绎、诠释了师德的深厚内涵。因而对于师德的认识不能仅仅停留在底线规则的层面，而应从更高的追求和境界来领会。

2. 师德的结构

（1）师德培养的价值导向：理想、责任、良心

职业理想是人们对职业活动和职业成就的超前反映，与个人的价值观、职业期待、职业目标密切相关，职业理想借想象而确立的奋斗目标与应当实现的道德境界，可谓师德的灵魂。"学高为师，身正为范"，教师除了应具备传道、授业、解惑的基本素养以外，必不可少的便是承担更为厚重的社会责任。恰当的职业理想对教师的职业责任有着良好的导向作用、激励作用和调节作用。职业理想和职业责任进一步内化，就显现为职业道德内部的评价范畴——职业良心。作为一种自我道德评价，职业良心针对的是职场中教师自身的行为及其所表现的道德品质，它是职业理想和职业责任的价值尺度。

（2）优良师德的根本实现路径：态度、作风、技能

师德培养的价值导向一经确立，优良师德的构建就有了明确的方向，接着要探讨的便是朝着特定价值理想方向的一种进路，也就是优良师德的根本实现路径，这当中包括的要素有职业态度、职业作风和职业技能。职业态度是一名教师对其职业所持有的评价与行为倾向，是在情感层面上对教育教学工作的认真程度、负责度、努力程度的集中反映。职业态度的选择与确立，与前文所提到的职业理想、责任、良心等价值认识息息相关。倘若在职业态度之上将时间维度拉长，那么一名教师在职业活动中呈现的一贯态度就形成了个人的职业作风。职业

作风势必是由教师在工作岗位上长久累积、长期沉淀而形成的，它代表着某种职业态度已经成为教师在实际行动中的习惯性、长期性表现，对学生和同事乃至身边的所有人兼具潜移默化的教育作用，具有深刻的道德榜样意义。

除了意识层面的态度与作风之外，实现优良师德的重中之重就是要具备过硬的职业技能。职业技能是各行各业从业人员所必备的技术和能力，堪称劳动者的立身之本，是开展一切工作的重要前提。对教师而言，职业技能主要体现在教学组织能力、语言表达能力、专业科研能力、心理疏导能力等方面，技能覆盖面相较其他职业更细更广，对各项能力的要求标准也更高。

（3）师德实践活动的必要保障：荣誉、纪律

理想、责任、良心、态度、作风、技能六要素皆源于教师主体自身的思维与实践，在内向维度对优良师德的建构产生影响。与之对应的，从外向维度看，有关师德实践活动的开展还存在着两个重要的外部保障——荣誉与纪律。职业荣誉是师德的外部价值尺度，包括对教师职业活动的社会价值所做出的公认的客观评价以及正确的主观认识。职业荣誉是对职业良心的外在反映，它是社会对教师履行义务的德行和贡献的赞赏和评价，也是职业良心中的知耻心、自尊心、自爱心的表现，使教师自觉按照职业道德客观要求的尺度履行义务。职业纪律则着重通过一种外部的约束力对师德实践活动起到必要的保驾护航作用，其特点在于一定的强制性和明确的规定性，是调节教师与学生、学校、社会的关系的重要方式。

3. 师德的主要范畴

如欲更加深入地把握师德的丰富内涵，则需理解关涉教师职业道德根本、贯穿于教师职业道德始终的主要范畴。师德范畴是指那些能够反映、阐明教师职业道德本质的基本概念。教师义务、教师良心、教师公正、教师威信、教师荣誉、教师幸福，便是教师职业道德规范体系中的核心概念和基本范畴。这些范畴彰显了师德之所以为师德的实质，蕴含着人们对教师职业的基本认识和态度，也体现了社会对教师行业的根本要求。唯有准确、恰当、全面、深切地领会其内涵，才能真正切实地把握师德的本质，才能合理、有效、积极地引导教师展开培育人才的一切工作与活动。

（1）教师义务

教师义务是教师职业道德范畴系统中的第一大范畴，它指教师应当履行的职责、应该担负的使命和必须完成的任务。无论从事何种职业，责任与担当始终是第一位的。从业者唯有明确了自身义务，职业工作才有方向，职业活动才有目标，职业行为才有保障。教师义务是教师从事教育工作及相关活动的准则和方

向。教师不只要明晓其义务所在,更要自觉主动地履行其义务、实践其担当。从教者不应把教师义务当作负担,不宜迫于教师义务而行动,而应积极作为、敢于承担,始终出于教师义务而展开化人育才的实践。

(2)教师良心

教师良心是教师职业道德范畴系统中颇为重要的范畴,它指教师在教育行为及相关活动中所产生的道德信念、道德意愿、道德理性、道德认知、道德情感、道德意志等融贯而成的综合的道德意识。如果说教师义务偏重于教师职业道德的客观方面,那么教师良心则主要涉及教师职业道德在教师个体主观方面的体现。具体而言,教师良心着重体现在:其一,有明确而坚定的教育理想和教育信念;其二,重视教育,热爱教育,乐于施教,诲人不倦;其三,对教师职业道德的自觉领会与认同;其四,有强烈的教师职业使命感与责任感以及从事教育工作的荣誉感与幸福感;其五,关爱学生,尊重学生,公平正直地对待学生;其六,自觉履行教师义务,自觉实践教师职业道德规范,自主创造良善教育,自由实现自我价值。

教师良心充分体现了教师的主体性与能动性,表明了教师职业行为的内在驱动机制,也反映了教育活动自觉自主的一面。教师良心贯穿于教师职业行为的始终,对教师的教育行为、教育活动具有十分重要的作用。首先,教师良心是教师开展教育工作的内在动力。教师在职业活动中的自觉性、自主性、创造性,往往依赖于教师良心的运作。其次,教师良心对教师行为的抉择具有规范和导向作用。教师出于何种动机而施教,选择什么样的行为来育人,教师良心对此发挥着重要的规范和导向功能。再次,教师良心对教师行为的实施能起到自觉监管的作用。当一个具体的教师行为合乎教师职业道德的规范和要求时,教师良心会予以激励和强化;而当一个具体的教师行为与教师职业道德的规范和要求不一致时,教师良心会予以反省并加以纠正。最后,教师良心对已经发生的教师行为具有内在省察作用,当教师行为符合师德要求时,就会油然生起一种自我满足感和愉悦感;而一旦反省到其教育行为违背了师德,则会进行自我谴责,产生内疚、后悔、惭愧、不安等负向的道德情感。因而教师良心是教师从事教育工作的最强内在精神支撑,是教师进行职业道德修养的原动力。

(3)教师公正

教师公正是教师职业道德范畴系统中的又一重要范畴,它指教师在教育活动中公平正直地为人处世以及公道合理地对待学生。公而无私,平而不偏,正而不邪,直而不曲,合乎人之常情而又本于人之常理,乃教师职业行为的基本准则。

教师公正不仅要求教师公平正直地对待和评价学生、合作者及自我，而且要求社会公道平等地对待和评价教师群体。教师公正是教师在其职业活动中处理各种人际关系和应对各种事务的一条根本原则，也是教师合情合理地评定自我和安顿自身的重要依据。

具体而言，教师公正主要体现在以下四个方面：第一，公正合理地对待所有学生。这需要教师做到一视同仁地关爱学生、有教无类地教育学生、实事求是地赏罚学生，并且尊重学生的个性与差异。第二，公正合理地对待所有合作者。无论是面对家长、同事，还是面对其他有关社会人士，教师都不能将一己私利和个人好恶作为对待和评价他人的标准，而应当做到大公至正、平等相待、不偏不倚，如此才能为学生创造良好的成长环境。第三，公正合理地对待自己。教师大公无私、甘于奉献、敢于牺牲，是其自我的选择，十分难能可贵。但不宜强制性地要求教师只问耕耘而不论收获、只讲奉献而不谈权益，这对于教师自身来说并不公正、并不平等。教师在甘愿奉献与牺牲的同时，也应当尽力维护自身的尊严与荣誉，也需积极争取其正当权益。如此才能实现其对自身的公正，从而回归到正常、健全的教育生态体系中。第四，公正合理地对待教师职业和教师身份。这要求社会各界准确、恰当、合理地定位和看待教师职业和教师身份，既不能贬低教师的地位和作用，也不能高估其能力与价值或者对其有过高的期待和要求。更为重要的是，国家应在制度层面为教师群体的正当权益提供坚实的保障。此外，教师公正还深层次地体现在追求公平、公正的教育理念和教育目标上。

（4）教师威信

教师威信是教师职业道德范畴系统中不可或缺的元素，它指教师在学生、家长、同事及相关社会人士中的威望和信誉。由于教师威信直接反映并集中体现了教师在学生和教师集体中的地位和影响力，所以它在整个教育过程中发挥着颇为重要的作用。教师威信事关正常的教育教学活动能否得以顺利展开，直接影响着教书育人实践的成效，关系到教师是否有足够的精神动力开展教育教学活动。一位具有良好威信的教师，往往会受到学生的尊敬与爱戴、得到同事的肯定与信任，进而也会获得社会各界的认可与赞许。这样的教师在教育工作中拥有强烈的获得感、存在感、成就感和幸福感，从而令其能够积极昂扬地、卓有成效地开展各项教育教学活动。反之，若一位教师缺乏应有的威信，则不仅难以有效履行其职责、完成其教书育人的任务，而且无法在教育系统中安身立足。

那么，一名教师如何才能树立起威信呢？这并不取决于教师的年龄、地位、权利、物质条件和各种资源优势，而是取决于教师的品德、智慧、思想、学识、能力等因素。教师如欲获得让学生、家长、同事及社会各界心服口服的威信,则应当具有良好的品行、独立的思想、扎实的学识、优异的能力以及培育人才的智慧。其中思想品德和职业能力是建构教师威信的根本性因素。

(5)教师荣誉

教师荣誉也是教师职业范畴体系中的基本范畴,它指社会和他人对教师职业、教师身份及教师在教育工作中之良善表现与作为的积极肯定,以及教师自身对所从事的教育工作、所担任的师者角色、所做出的育人事迹、所创造的教育价值的自我认同和自我满足。教师荣誉植根于教师职业活动触及的多重关系,如教师与自我的关系、教师与学生的关系、教师与家长的关系、教师与同事的关系、教师与其他社会成员的关系等。脱离了这些关系,教师荣誉便无建基之地。这也就意味着,教师荣誉乃教师自我与教师之外的他者对教师职业、教师身份、教育工作、育人事迹等进行综合评价的产物。教师以教书育人、培养人才为己任,因桃李满天下、人才遍四方而自觉光荣,这都是教师荣誉的重要表现。教师荣誉有助于促进教师更好地担负起教育使命、履行好教师职责,有利于激励教师不断积极向上、奋发有为,有益于推动教师发挥最大的潜能,也能够帮助教师时刻省察自身的施教行为并予以不断改进。作为一名教师,应当以教师职业为荣,以教师身份为荣,以从事教育工作为荣,以培养人才为荣。如此才有可能最大限度地实现其价值并在教育活动中获得充分的认同感、满足感和存在感。此外,整个社会也应当重视教育者、教育事业,这样才能推动教育事业的持续发展。

(6)教师幸福

教师幸福是教师职业道德范畴系统中不宜缺失的要素,它指教师在教育工作及相关活动中由衷生发的一种感觉甚为良好的综合存在体验。这种体验是一种内在的、深层次的、无与伦比的精神享受。诸如对教师职业与教师身份的自豪感,对教育工作的满足感,得天下英才而教育之的愉悦感,成就人才、桃李满园的获得感,皆为教师幸福的重要内容和表现。教师幸福的源泉主要有以下六个方面:其一,教师对教师职业、教师身份的高度认同。其二,教师对教育事业的热爱;其三,教师在教育活动中切实得到成长与提升。其四,教师在教育工作中实现了自我价值。其五,学生对教师的爱戴与尊敬,家长、同事及社会各界对教师的肯定、认可和褒扬。其六,教师培养出了真正有益于家国、有益于社会、有益于时代、有益于世界的人才。

教师幸福是教师自觉履行教师职责、勇于承担教育使命的不竭动力,是教师攻坚克难、砥砺前行、奋斗不息的重要精神支撑,也是教师大公无私、甘于奉献、不怕牺牲的动力源泉。就此而言，不仅教师应不断努力加强自身修养、提升自身境界，而且社会各界应当积极创造条件来增强教师的幸福感、提高教师的幸福指数。如此才会持续产生教育系统工程的良性循环效应，才能充分发挥出家庭、学校、社会之间的最佳人才培养合力成效。

当然，以上六大范畴并非各自独立，而是在义理上彼此关联、相互融通的。它们从不同维度反映出师德的内涵，人们唯有对之形成丰富而深入的体会，才能洞见教师职业道德的奥妙。当然，这些范畴绝不只是抽象的概念，而是无数具体的教育生命、教育心灵、教育实践融化凝结而成的鲜活观念。因此，人们对师德意涵的领会，绝不能只停留在理论认知的层面，更当知行合一、务实践履，以身心生命、实际行动对之加以体认、演绎和诠释。

(二) 师德的理论来源

1. 马克思和恩格斯的教育理论

马克思和恩格斯认为教育本身具有阶级属性。马克思在《共产党宣言》里提出教育带有阶级属性，他认为教育是要服务于社会生产的，教育培养出来的人才要与社会劳动生产发展需求相吻合。教育始终以人为中心，不管是为了培养新的人才，还是为了促进社会生产的发展，其最终目标都要指向人的终极幸福，指向人的自由和全面发展。

2. 国外教育家的师德理论

以夸美纽斯和洛克为代表的教育家和思想家很重视教师的表率作用，提出教师要在言行上给学生树立良好的榜样。夸美纽斯思考了"优秀教师应该具备的素质"的问题，对教师的职业能力、职业态度提出了要求，认为教师要具备一定的学识基础，要掌握教学的方法和技巧，要保持终身学习的态度等。

3. 中国优秀传统文化中的师德理论

中国自古就有尊师重教的优良传统，人们常以"师长""先生""圣人""圣贤"等尊称来称呼教师。教师受到整个社会的敬重和尊崇，享有非常高的社会地位。春秋战国时期，中国儒家将"天地君亲师"作为祭祀和供奉的对象，设牌位或条幅在堂中供奉，在以血缘关系为纽带的宗法制盛行的古代中国，"师"能被作为祭祀和供奉的对象，且仅位于以血亲至上的"君亲"之后，其社会地位自然不言而喻。

荀子提出："礼者，所以正身也；师者，所以正礼也。无礼，何以正身？无师，吾安知礼之为是也？"即"礼"是个人安身立命的根本，而教师是正"礼"、稳定社会秩序的根本，无师则无"礼"，无"礼"则无序。可见教师在古代中国社会中扮演着相当重要的角色，承担着传播礼乐、教化民众、稳定社会秩序的重要职责，这一重要身份和重要职责将师德建设问题上升到国家长治久安和繁荣昌盛的政治高度，为尊师重教提供了政治保障。

中华传统师德生成并植根于博大精深、源远流长的中华传统文化的沃土中，汲取其德性文化的精髓，凝聚成教师这一道德主体的德性品质内涵。在社会发展对道德客观要求的逻辑下，传统师德始终遵循德性主义人性论的价值观，承担起宗法社会"道统"传承的历史使命。虽然在宗法社会中，师德会受尊卑等级观念的影响而形成师尊生卑的地位差异，师德修养理论及方法并未脱离封建天人伦理纲常的认知桎梏，存在客观唯心主义和主观唯心主义的特点，并且存在历史局限性。但是，中华传统师德仍给我们留下了弥足珍贵的历史遗产和意义深远的现实启示。鉴于此，对于当下教师个人师德的养成，教师队伍师德长效机制的构建，我们应从理论和文化两个层面不断充实、完善、巩固和提高。

在师德建设的理论层面，构建新时代教师道德理论体系。以紧紧围绕中国特色社会主义核心价值观、中国特色社会主义道德体系的实际，借鉴中华传统师德中师德修养的利他性、示范性、传承性、整体性。坚持围绕"以人为本"的核心观念，秉持"为己之学""成己达人""立德树人"的教育理念，将师德纳入社会主义精神文明建设的范畴，发扬新时代为人的全面发展而服务的精神。

在师德建设的文化层面，丰富和完善师德建设的内容。通过积极汲取优秀传统文化的精髓，学习和借鉴传统教师在家国层面协调、统摄中国古代传统社会人伦关系的和谐之德，在教育层面传道授业、以身作则的感化之德，身为士人群体安身立命、厚德载物的通达之德，虚心求教、学无常师的谦和之德，从而奠定师德浓厚的人文素养基础，塑造具有现实意义的师德人格。

（三）师德对教育发展的意义

教育不仅对文明发展和传承有重要意义，还对社会和个人的存在与发展起着关键性的作用。一个社会得以形成，需要社会成员愿意和能够遵守社会规范，而这又要求通过教育的过程把社会的价值和规则传递给社会成员。人之所以为人是由后天的教育活动决定的，所以中国古人把教育称为"教化"。教化包含两个部分：教和化，教只是表面上的知识传递，化才是把所教内容内化为自己的一部分。每个人从一个生物意义上的人成为一个社会的文明人，都是在教育的帮助下实现的。承担教育的教师是完成教育使命的执行者、推动者和创造者，教师的个人素质直接影响着教育使命的完成情况,该素质包括能力、个性、品味、思想观念等,其中最为关键的是教师的道德水平和价值立场。教师道德水平的高低直接影响着受教育者的学习效果,所以师德是决定一个人是否配称教师的根本标准,是决定教育活动能否达到预期效果的内在动力。把师德问题提升至教育活动的首要问题是教育发展的必然要求。

1.师德是教师立身之本

师德是教师从事教育工作的道德前提和价值要求。相较于社会其他职业,教师的工作具有独特性,工作范围既清晰又模糊,工作任务既明确又广泛,工作成效既及时又长远。这是因为教师所承担的任务是为社会培养人才。教师不仅仅要让学生掌握某种知识或某方面的技能,而且要使他们能够承担国家发展和民族未来,这必然要求其具备全方位的素质和能力,首先就是道德素质。如果所培养的人在遵守社会规范和道德要求上有缺陷,非但不能令其成为社会的建设者,反而有可能成为破坏者。这就要求教师本人的道德水平是较高的,道德立场是正确的,道德情感是饱满的,道德动力是充足的,道德意志是坚定的。

(1)师德是教师工作的动力源泉

师德是教师完成好教育工作最稳定、最持久和最高尚的动力。首先,师德是教师辛勤工作最持久的动力。具体来看,教师所承担的工作事项繁杂,包括上课讲学、日常管理、后勤服务、关爱学生、沟通家长、社会服务等,教师面对的每一项工作都千头万绪。更为关键的是完成好每一项工作所要求的不仅仅是能力,还要求教师有健康的态度和饱满的热情,否则就会影响工作的效果。而这当然要求教师具有较高的师德水平,持之以恒地完成好各项工作。其次,师德是教师在面临和处理困境时最坚定的动力。教师在从事教育工作的过程中,难免会出现各种问题和困境,例如教学过程中遇到的课堂秩序问题、学生纪律问题、教学效果问题等,在职业发展中遇到的成就认可问题、职称评定问题、与同事或家长沟通问题、职业倦怠问题等。这些问题都是教师容易遇到的困境,如果仅从客观激励或成果回报等方面来寻求走出困境的动力,都是难以保证的。教师只有基于自己的师德立场,把热爱教育、为国育才、关爱学生、奉献社会等师德观作为自己的动机,才能在面临各种困难时欣然面对、有效解决。最后,师德是教师乐教爱教最纯粹的动力。教师从事教育行业的原因和动机多种多样,例如在父母劝说下进入教育行业,在福利待遇的吸引下从事教育工作,在考虑自身专业特长优势的情况下选择教育行业,在追求自身价值实现的目的驱动下踏入教育行业,等等。这些投身于教育行业的教师大多源于某种外在因素的刺激,他们都会面临一个共同的问题,那就是其预期的回报并不一定会实现,这会给个人乐教爱教的信念带来威胁。教师只有把师德作为自己从事教育工作的动力,才能摆脱工作动力对外在因素的依赖,让自己能够全身心地投入教育工作。

(2) 师德是教师身份认同的内在因素

师德是教师在从事教书育人过程中形成教师身份认同最核心的因素。首先,师德是教师形成职业认同的基础。教师虽然属于社会各职业中的一种,但是和其他职业相比具有自身的职业特色和道德要求。成为一名教师绝不只是一个身份标记,更是一个不断成长与完善的过程,在这一过程之中需要承担各种与教学或学生相关的事务,这些事务都要求教师具有较高的师德水平。其次,师德是教师形成社会形象认同的前提。相比于其他职业,教师在社会大众中的印象往往是一种正面形象,这一正面形象不仅是因为教师的工作成就,更因为教师在为社会和国家培养人才的过程中所展现的奉献精神和形成的道德榜样,由此使得社会公众对教师的道德要求相对更高一些。教师若从师德角度来理解教师职业的特殊性和其社会地位的形成机制,就会认同教师这一社会形象,把社会对自己的期待和要求变成自己对自己的期待和要求。最后,师德是教师建立成就认同的基石。教师的成就当然需要表现为教育工作的成效,包括培养优秀人才、获得单位嘉奖、赢得家长和社会认可等。但是,很多时候教师的工作并不一定会立马有成效和回报,甚至可能没有回报,出现被学生无视、被家长误解、被学校忽视的情况等。教师在面对自己大量付出不一定有相应回报甚至无回报的情况时,若用客观的评估标准来衡量自己的贡献,就很容易出现辛勤付出却被忽视的情况。因此,教师应该从师德的角度来看待自己的工作成效与贡献。

(3) 师德是社会认可教师的主要依据

教师在人类各大文明中的地位基本上都是较高的。以中国社会为例,古代中国人一直把教师置于极高的位置,按传统的排序方式即"天、地、君、亲、师"把教师排在双亲之后,可想传统社会对教师的尊重程度。在现代社会也不例外,人们把教师誉为"人类灵魂的工程师"或"太阳底下最光辉的职业"等。不过,能被社会认可或历史传颂的教师有何特别之处呢?毫无例外地都指向了教师的师德。也许教师高超的教学技能和广博的知识能对学生产生重要作用,但真正对学生影响深远的是他的师德水平。正如习近平总书记说的,"老师是学生道德修养的镜子。好老师应该取法乎上、见贤思齐,不断提高道德修养,提升人格品质,并把正确的道德观传授给学生"。"好老师"最重要的特质就是他的师德境界,因为这会直接影响甚至塑造学生的"三观"。学生所学知识可能会随着年龄的增长和知识的累积而不断更替，但是学生在教师影响下所认可和接受的做人做事的道理不会被遗忘，而且可能会对学生产生长远的影响，因此教师要传递正确的价值观。

（4）师德是教师人生幸福的价值保障

每个人都有权利去追求幸福，教师也不例外。教师在辛勤奉献于教育事业的同时，也应当获得某种形式的回报。教师作为生活在现实条件中的普通人，需要承担自己的家庭责任和社会责任，有追求自己幸福的权利。因此，教师有权利要求在奉献之余获得某种形式的回报，这就是感性的幸福。回报又可以分为物质回报和精神回报，前者指工资及其他物质福利等，后者指晋升机会、组织嘉奖、职业荣誉等，这些都是教师在工作之中有权利获得的。但是，在现实情况中，教师所能得到的回报并不一定令人满意，比如工资待遇一般、晋升机会有限、所付出的努力不一定符合组织嘉奖的条件或指标，或者因一些其他原因无法及时被肯定和表彰等，这些都是有可能在现实中发生的情况，教师的幸福若是完全寄托在这些东西上面，是很不可靠的。不过，人生除了感性的幸福之外还有另一种幸福，即著名哲学家康德所说的道德幸福。道德幸福是因为自己履行了道德的使命而感到幸福，简而言之就是为了实现他人的幸福而感到幸福，前提是自己只出于履行道德义务的动机而非其他。教师承担的所有工作都朝向一个共同的目的，即通过提升学生的综合素质来帮助学生获得人生幸福，正是这样的一种无私奉献的精神才让教师被形容为"春蚕到死丝方尽，蜡炬成灰泪始干"。教师奉献的动机不应该是想从学生那里获得某种回报，而应该是看到自己培养的学生不断走向成功的人生而感到幸福，这种因师德带来的幸福才是持久的、可靠的、高尚的和纯粹的。

2. 师德是学生成才之依

师德是学生在学习、成长、成才过程中不发生方向偏差、不遭遇身心伤害、不出现学无所成情况的重要保障。在教育活动过程中，学生相对来说处于被动的地位，因为学生的主要使命是学习，即习得各种文化知识、价值观念和实践技能，他所学的重要来源之一就是教师。换言之，教师在很大程度上影响了学生的学习范围、程度和方向。学生作为知识的接收者，对于教师所传递的知识、观念和价值往往缺乏辨别力，并且年龄越小越容易受教师影响。如果教师的师德存在瑕疵或有问题，比如态度不端正、价值观念扭曲等，必然会直接影响学生的学习效果，甚至影响学生的"三观"和理想信念。因此，学生的成才之路需要具有高尚师德的教师来引领，让学生朝着更加正确、有效和光明的方向前进。

（1）师德是学生学习科学知识的外在保障

首先，师德是学生学习内容的"防护栏"。学生在校期间的首要任务是学习，而学习的内容最为根本，它影响着学习方向、效果和价值，而决定上课内容的毫无疑问就是教师。虽然教师的知识结构、知识储备、学习能力、讲解能力、理解能力、记忆能力等客观方面的因素会影响学生学习的内容，但作为教师主观因素的师德水平和立场同样不容忽视，比如因缺乏甘于奉献的精神而对授课的内容马虎了事，因缺乏创新探索的精神而未去持续更新授课内容，因缺乏求真务实的精神而对授课的内容不加甄别，因缺乏健康正确的"三观"而故意传播错误有害的知识等。

其次，师德是学生学习环境的"防护栏"。学生在校学习的效果除了跟自身的能力、素质、态度和方法因素相关之外，在校期间的学习环境也是影响学生学习效率的重要因素。营造一个良好的学习环境是保障学习效率的重要条件，而师德直接影响学习环境的质量。一个负责、用心的教师除了会营造学生学习的客观环境，如课堂纪律、校园环境等，也会营造学生学习的心理环境，比如积极健康的学习氛围、和谐融洽的师生关系、丰富有益的文化环境等。做到这些方面都需要教师具有高度负责、乐于奉献和热爱学生的良好师德。

最后，师德是学生学习目的的"防护栏"。毫无疑问，学生在校学习的直接目的就是通过习得科学文化知识来全方位地提升自己，但是现实的情况是学习还有另一重目的，就是通过学习成绩的排名来获得竞争的优势和选拔的机会，这导致学生把学习目标定位于竞争性之上，由此必然影响为了自我成长和自我提升这一根本目的。一个对学生未来充满责任感的教师必然会纠正学生的狭隘观念，引导学生把学习目的和方向定为全面提升自己。

（2）引导学生提升自身的道德素质

青年教师由于年龄与大学生相差较小，观念、思想等交流较中老年教师更容易，大学生对青年教师的依赖感与认同感往往高于其他年龄段的教师，其向师性与模仿性也会随之增强。加强高校青年教师的师德建设，全面提升青年教师整体的思想道德修养与职业素养，能够使大学生在潜移默化中接受教师的感染与熏陶，自觉以品德高尚的教师为榜样，自觉加强自身的思想道德修养，提升自身道德素质，让学生不会形成错误的"三观"。"三观"是每个人生存于社会之中都会持有的观念系统，"三观"的好坏、正误和高低都会直接影响个人的生存实践，进而影响他所处的共同体和社会。正确的"三观"是一个成功的实践者、合格的共同体成员和优秀的国家公民所应具有的，而获得正确"三观"的最重要时期便是在校学习期间。学生的使命除了获得知识之外，更为重要就是塑造自己的"三观"，教师对学生"三观"的塑造起着关键性的作用，因为学生的"三观"还处于不稳定、不确定和不牢靠时期。教师的关键作用可分为直接作用和间接作用。直接作用包括直接讲授"三观"内容及规范，而间接作用则是通过教师的示范性作用将"三观"内容传递给学生。无论是直接作用还是间接作用，教师的师德都发挥着前提性的作用。师德是教师影响学生"三观"的力量之源，一旦教师的师德出现了问题，就会把有问题的"三观"传递给学生，这给学生和社会造成的负面影响是难以衡量的。世界著名大文豪车尔尼雪夫斯基说："要把学生造就成一种什么人，自己就应当成为什么人。"一个具有高尚师德的教师如果能够把正确、健康和积极的"三观"传递给学生，所带来的积极影响是巨大的。

（3）激励大学生提升专业知识素养

教师的专业知识素养是其能否成长为一名优秀教师的决定性因素。知识的传授是教师最基本的职责。博学且专业是学生对教师产生崇敬之情的基础，教师承担着教学与科研的双重责任，一位在学术上精益求精、严谨踏实，在知识上专业博学的教师往往更容易得到学生的爱戴，学生会以教师为榜样，不断充实自己的专业知识。因此要切实推进教师师德建设，全面提升教师的学术修养与专业知识素养，为学生树立学习的榜样与模范，不断激励学生提升自身的专业知识素养。

（4）激发大学生追求更高的人生目标

学生处于人生成长的重要阶段，具有较强的模仿性与可塑性。教师的个人素质与人生观、价值观会对学生的成长产生重要影响，影响着大学生的整体发展与人生价值目标的确立与实现。

影响学生理想信念最为直接的途径就是在校期间的学习生活，教师在其中起重要作用。一方面，作为社会经验不足的未成年人，学生所了解和接触的社会面貌和生活样态极为有限，在校期间主要依靠教师在教学过程中的言传身教，教师对学生所描绘的国家未来、社会面貌和人生理想对学生来说就是最直接的感受，这些对学生形成关于国家、社会和自己人生的理想信念起着重要的启蒙作用。另一方面，学生通过某些渠道了解了一些社会现象和人生样态，因阅历和知识的有限而无法形成整体上的理解，反而有可能把某些负面例子作为自己的效仿对象，比如嫌贫爱富、好逸恶劳、不劳而获等错误示范，如果教师没有及时发挥纠偏或矫正的作用，很多学生就会被错误的理想信念所腐蚀。当然，无论是教师给学生传递理想信念，还是给学生纠正错误的理想信念，其前提是教师自己拥有健康的、积极的理想信念。只有热爱学生、甘于奉献、惜才如命的教师才会为学生不断打开人生的画卷，拓宽学生的视野，促进学生的全面发展。

3. 师德是教育向善之基

教育的使命之一就是培养能够更好融入社会共同体的成员。简单来说，教育的内容就是传递知识和传递价值，在两者之间价值更为根本，因为价值是人类生存活动的依据和目的，所以人类追求知识本质上还是为了追求价值，所以教育在求真、向善和爱美之中，最为根本的是向善。在古今中外的教育发展史中，教育的向善维度也是教育思想家们最为重视的，如孔子、柏拉图、亚里士多德、洛克、卢梭、夸美纽斯、蔡元培、陶行知、杜威等都非常重视教育的向善价值。只有通过教育的向善性把学生引向向善的方向，才能在学生的心中播下善的种子，学生日后在面对是非对错的选择时不会被一时的功利、欲念和偏见所蒙蔽。在学生心中播下一颗向善的种子，其播种者之一必然是教师。而教育要完成这一使命的前提是教师的师德水平和立场，只有向善之师才能进行向善教育，才能培育向善之才。

（1）师德唤起向善本性

师德通过教师的道德授教和言传身教，让学生逐渐发现自身所蕴藏的向善本性。我们说每个人都有向善的本性，是指每个人都有接受、朝向和施行善的可能性。正因为它只是一种存在于每个人身上的可能性而不是现实性，所以需要外在的条件或力量让它实现出来，这种条件首先是认识，因为不是每个人生下来就知道什么是善的。从教育心理学角度来说，学生对善的了解是逐步发生的，不同年龄段对善的理解程度有差别，其中最为关键的就是引导因素。学生在未对善恶有清晰的概念之前，任何立场的观念都可能占据学生的心灵，因此要想把学生身上向善的本性唤起，具教师自己具备向善之心和向善之知。简而言之，需要有师德的教师才能真正唤起学生的向善本性，因为唤醒学生的向善本性不是通过空洞的说辞来解释何为善，而是需要情境性地描绘何种行为是正直的、勇敢的、公平的、智慧的，需要教师本人能够具有正确的道德认知，否则很难激起学生的道德情感和道德想象。

（2）师德指导向善行为

师德是指导学生理解、认同和践行向善行为的价值导向。

首先，师德保障学生能够理解和认知善的行为。学生在校期间的重要任务除了学习文化知识之外，还需要学习道德规范知识，只有了解了基本的道德规范，才能知道自己的行为是否合乎道德。但是，一般情况下学生对于道德规范的认识是模糊的，虽然学校也会以各种方式来向学生解释、展示道德规范，例如事迹报告、参观学习、课外阅读等，但是这些道德规范的示范方式依然是不够的，需要根据学生自己的生活体会来正确理解。而教师在让学生正确理解和把握道德规范时，自身的道德水平和立场极为关键，所有的道德理解都需要基于教师自己的道德实践和道德认同，教师只有自身具有高尚的师德水平，才能让学生更好地理解和把握道德规范。

其次，师德是学生认同向善行为的价值保障。教师向学生传达道德知识和规范，其效果如何并不完全取决于教师的表达能力和讲解水平，更为重要的是教师自身的道德体验和道德实践。教师只有通过自身亲历亲为的道德实践经验来表达对道德的理解，才能让学生切身地感受到道德的力量和影响。向学生传达道德知识和规范，并不仅仅是为了让学生形成正确的道德理解，也是为了让学生能够认同道德规范，把道德规范作为自己的行动原则，让自己成为一个有较高道德水平的人。

最后，师德是促使学生践行向善行为的推动力。向学生传递正确的道德知识和规范，最终目的还是让学生能够践行正确的道德规范和价值，但是通过教师的"言传"所达到的效果，不一定比得上教师的"身教"。对于学生来说，最直观的道德教育方式就是树立榜样，只要道德授教者本人是一个道德模范，就会对学生的道德实践起到事半功倍的效果，所以教师自身的道德修养和道德事迹对于促进学生践行向善行为是非常重要的。

（3）师德助力向善社会

师德对于社会不断向善具有重要的示范作用和推动作用。

首先，拥有高尚师德的教师能够为社会培养德才兼备的人才。教师对社会的最大贡献之一无疑是培养人才，但是培养何种人才对社会的影响是不一样的。如果仅仅丰富学生的科学文化知识而忽视其道德水平的提高，那就可能培育出有才无德的学生，其步入社会便会带来负面影响。具有高尚师德的教师不会只注重学生的成绩，而会全方位地关注学生的综合素质和成长状况，尤其是学生的道德水平，只有培养德才兼备的学生才能真正造福于社会。

其次，拥有高尚师德的教师为社会树立道德榜样。具有高尚师德的教师本人必然会有许多感人至深的师德事迹，这也是社会长期以来对教师的道德期待。社会经常会把教师的师德事迹当作范例来宣传，号召社会成员能够效仿和传承有德之师的道德理念和价值，例如中央和地方都会宣传"最美教师""师德标兵""师德先进个人"等各种师德模范，这都有助于社会以拥有高尚师德的教师为榜样，不断提升社会的道德水平。

最后，拥有高尚师德的教师需要对社会不良现象予以针砭。拥有高尚师德的教师必然不是一个两耳不闻窗外事的教师，他必然会对社会的动态保持应有的关注和关怀。总之，有德之师以自己特有的方式促进社会的向善发展。

（四）教师职业道德修养的基本要求

这里以高校教师的职业道德修养为例，其他层次的教师也以此为要求来规范自己的职业道德修养。

1. 坚定的师德信念

（1）坚持坚定的政治方向

在大学生成长成才的过程中，教师既是学生思想的引领者，又是学生信仰的铸魂者，承担了培养下一代的重大责任。因此，高校教师必须具备坚定的社会主义政治信念，保持清醒的政治头脑，不被错误的言论左右，确保自己的政治信念坚定不变、政治方向矢志不移、政治立场决不动摇，真正担负起铸魂育人的历史使命。

做有坚定政治信仰的高校教师：一要坚持马克思主义信仰。二要进一步筑牢中国特色社会主义的理想信念，坚持"四个自信"。"四个自信"是以习近平同志为核心的党中央治国理政的重大理论创新，是共产党人在实践中获得的智慧结晶。高校工作是贯彻落实党和国家教育事业"立德树人"根本任务的主阵地，高校教师应积极投身到中国特色社会主义现代化教育事业的建设中去，在伟大实践中确立并践行社会主义政治信仰，完成时代赋予的使命。三要坚定共产主义远大理想。坚信共产主义一定能够实现，批驳所谓共产主义渺茫论，正确认识实现共产主义目标过程的长期性与艰巨性。高校教师须引导新时代大学生志存高远、脚踏实地，把个人的梦想融入共产主义远大理想之中，把共产主义远大理想具体化为阶段可行性目标并为之奋斗。四是要坚持社会主义核心价值观。师德作为社会职业道德的重要有机组成部分，彰显了社会主义核心价值观的根本精神。2014年9月10日，习近平总书记在同北京师范大学师生代表座谈时，提出了"做党和人民满意的好老师"的四条标准，即"要有理想信念、要有道德情操、要有扎实学识、要有仁爱之心"。这四条标准可看成是对新时代师德规范的新提炼，它不仅体现了社会主义核心价值观的基本内容，而且更突出了教师职业的特殊道德要求。

做一名有坚定政治信仰的新时代高校教师，就必须始终坚持马克思主义信仰：自觉地运用马克思主义理论来科学指导具体实践；自觉地践行社会主义核心价值观，带头示范社会主义荣辱观，不断提高自身的师德修养，把个人理想、本职工作与祖国发展、民族昌盛、人民幸福紧密联系在一起,树立高尚的教师职业道德情操和精神风貌;增强"四个意识",确保在思想上、政治上、行动上与党中央保持高度一致,始终忠于党的教育事业,做到为党育人、为国育才。

(2)恪守职业底线规范信念

2018年11月,教育部先后印发出台《新时代高校教师职业行为十项准则》和《教育部关于高校教师师德失范行为处理的指导意见》《研究生导师指导行为准则》等一系列文件。这些文件按照国家教育发展新要求,分析教育的新形势,针对教师职业行为方面出现的新问题制定教师职业道德规范,既始终要求坚持以正面积极的态度引导,又明确划定基本的师德底线;既充分着眼于我国宏观教育的基本要求,又高度重视对微观的具体规定,是对此前关于教师的基本职业道德行为规范的"十条红线""红七条"等师德规范底线的继承性发展与创新。例如,《教育部关于高校教师师德失范行为处理的指导意见》等相关文件的发布和实施,不仅多维度对高校教师的师德师风建设工作提出了具体要求,而且从师德禁行的"红七条""一票否决"等几个方面,划清了高校教师师德的底线要求的具体界限。贯彻落实好师德底线要求,有助于发挥师德和学校各种制度的规约功能,高校要将这些底线要求转变成具体的目标和措施,并将其深刻地融入教师的工作、学习和管理的各方面。

一是要突出规则在教师职业行为准则上的约束作用。《新时代高校教师职业行为十项准则》提出十条有针对性的教育规范要求,既从正面倡导教师职业行为准则,又严格制定了师德规范的基本底线,明晰了教师职业道德行为的"负面清单"。各类高校要进一步加大对违规行为的检查监督力度,依法依规从严从速查办,做到失范必罚、问责必严。高校教师在实践中应准确地把握准则所规定的内容,做到应知应会、必做必行,真正将教书育人和自身修养紧密地结合在一起。

二是要加强纪律建设与警示教育。各级教育行政机关、学校都要高度重视对违纪行为的警示性教育和惩戒工作,要深刻剖析一些严重教育活动中违规违纪的典型事件和案例,发挥其警示、震慑和教育的功能。要紧紧抓住高校教师师德失范典型事件,引导广大高校教师自重、自省、自律,使其在思想上与行动上不违背师德规范;要及时向广大师生普及关于教师职业道德规范的具体要求,增强对教师进行法治观念和规则意识教育,始终做到"四个相统一"。

(3)秉承精益求精的教学理念

高校教师须具备广博的知识、专业的技能和认真的态度。如果没有精湛的教学业务知识、高超的科研教学能力、开放的胸怀视野与乐学善学的工作态度,就难以获得学生的认可与尊重，教师的工作任务乃至于教育目标也都难以有效达成。因此，高校教师在工作中必须秉承精益求精的教学理念。

高校教师秉承精益求精的教学理念，一是要求高校教师应该进一步增强学习的主动性和工作的积极性，始终坚持立德树人、德育为先，育人先自育。高校教师应主动把学校的思想政治课程教育、专业学习、线上及线下学习有机结合起来，进行全过程、全方位育人。加强与广大学生的有效沟通，了解广大学生的思想动态，通过自己的文化修养和良好的言行举止来教育和影响学生，在潜移默化中培养学生的学习精神、学术素质及职业道德。二是要求高校教师努力提高授课能力，坚持以教学需求为导向，转变教学观念，创新我国高等教育的新观念、新技术、新手段和新方法；树立素质教育意识，加强课程教学管理、制定科学的课程目标和考试的要求，提高课堂教学效果，提升人才培养质量。三是要求高校教师不断提高学术修养。高校教师要时刻钻研、努力提升自身的学术修养；主动与学生分享最新的研究成果，将科研成果转化为课堂教学，鼓励和引导学生关注理论前沿，培养其批判性思维能力和创新性学习能力。

2.扎实的知识功底

教师师德要求教师具有广博且扎实的知识功底。教书育人是教师的职责，而教书和育人都离不开教师对知识的运用，故丰厚的知识功底对于教师来说十分重要。新时代也是信息时代，拓展了人们获取知识的渠道，学生逐渐成为掌握信息的主动者，学生在该方面的表现尤为突出。因此，教师若想在教学和科研中有"权威"的发言权，就必须自觉学习，提高自己的知识储备，包括精深的专业知识和广博的自然及社会知识。这种学习和提高并不是一时的，而是贯穿一生的持续性学习。总之，新时代要求教师树立终身学习的观念，主动自觉地进行学习，让自己的知识功底更加广博和扎实，在日常工作中不断提升驾驭知识的能力。唯有如此，教师才能提高教书育人的看家本领，才能在教学和科研等工作中表现得游刃有余。

3.正确的师德认识

师德一般是指教师的职业道德。高校教师在开展高等教育课堂建设和教学理念实践的过程中，内化师德道德规范、深化师德情感、锻炼师德意志，通过实践、认识、再实践的过程，逐步加强对师德的认识。

（1）理性认识教师职业道德与学生言行品德

高校教师在开展教育实践活动过程中的重要责任，就是通过培训和引导学生，传授有关科学与文化方面的知识，使其熟练掌握各类专业知识；通过言传身教帮助学生树立正确的人生观，提高学生的个人修养，使之有能力立足于社会、服务于社会。高校教师要想实现以上的教育目标，就必须按照师德师风规范来践行自己的道德准则和行为规范。目前用来规范高校师生交往的职业道德准则，主要有"以身作则，为人师表"和"学而不厌，诲人不倦"。

①以身作则，为人师表。为人师表是指教师在各方面都应成为学生和他人效仿的表率、榜样。"吐辞为经、举足为法"，这是习近平总书记2018年5月在北京大学师生座谈会上的讲话中的一处用典。习近平总书记引用此典强调教师在教育中具有重要作用，大学要重视高素质教师队伍建设。教师的言行举止具有很强的社会示范性，即教师的一言一行对于学生的学习态度、价值取向以及身心健康都有着举足轻重的影响。教师的言行最容易引起学生的敬佩、向往和效仿，因此，高校教师必须以身作则，增强教育的实效性。

②学而不厌，诲人不倦。"学而不厌"是指教师需要努力并且持续地去学习。《汉书·董仲舒传》曾特别强调"学而不厌"的意义和重要性："强勉学问，则闻见博而知益明；强勉行道，则德日起而大有功。"教师在学习中勤奋努力，就一定能够学识广博、智慧明达。学识渊博是一个教师落实教书育人的根本要求。高校教师不仅仅是教书育人的教导者，还要努力成为答疑解惑的知识智者，给广大学生指明正确的人生目标和发展方向，教会广大学生学习生活的正确方法。高校教师只有博学多识，掌握一套系统科学的课堂教学管理手段和教育方法，树立终身学习的核心价值观念和态度，才能真正赢得学生的高度信任和广泛敬仰，激励学生勤奋上进。高校教师还应在教育教学过程中乐此不疲、诲人不倦、因材施教，竭尽全力让每一个学生在学习中都有得益。

高校教师在教书育人的过程中应切实增强"四个意识"，坚持"四个自信"，做到"两个维护"；秉持正确的师德认识，端正高尚的师德师风，坚守良好的教师职业操守，始终肩负党和人民赋予的责任，忠于教书育人的天职，努力做到思想上正、业务上精、纪律上严、行动上实，肩负好"立德树人"的重任，履行好教书育人的职责，在教育岗位上为党和人民事业做出新的更大的贡献，为中国的强大、中华民族的复兴、中华文明的延续与创新培育高素质人才。

（2）辩证看待自身成长与社会师德规范

在社会主义现代化建设中，教师必须协调好个体成长和社会道德价值的关系。教师的职业性质决定了其个体成长和道德价值必须服从并服务于社会道德价值的总体方向和任务目标。

①个人成长和社会价值相统一。忠于党的教育事业、爱岗敬业、遵循社会主

义的师德规范是衡量一个教师是否健康成长的重要标志。《中华人民共和国教育法》第八条规定，教育活动必须符合国家和社会公共利益，任何组织或者个人都不得利用宗教进行阻碍国家教育制度的活动。当前，我国高校教师教育工作的指导思想和经济社会发展目标，就是要切实地深入推进科学的素质教育，执行党和国家各项教育方针的基本战略要求，培养大批有理想、有道德、有文化、有纪律的德智体美劳全面发展的社会主义建设者和接班人，以满足促进社会和谐发展的迫切需要。因此，一名优秀的高校教师必须牢固树立正确的师德规范，从如何满足我国社会经济发展的重大现实需求角度出发，利用自身的教学智慧和实践能力为我国政治、经济和社会发展服务。

②在社会道德规范中实现自我的发展。教师必须具有较高的才能和良好的师德，才能更好地教育他人，成为思想文化的传播者，肩负起引导学生成才的重任。由于职业使然，教师必须加强自身修养，自我调节，以蓬勃的精神状态、高尚的道德情操、文明的言谈举止去教育感染学生。厚积薄发是对教师科学文化素质的要求，教师必须勤奋学习，保持强烈的求知欲，树立终身学习观，从而实现个人的成长。

③社会应为教师提供成长环境。在师德建设的过程中，对教师高期待和严要求的同时也应注重教师的自身发展。师德对于教师不应是一种强制的外在束缚，而应是内在的精神追求；不仅是工作需要，更是提升自己的需要。只有将两方面有机结合起来才能更好地实现自身的人生价值。相比于中小学教师，高校教师更为注重精神追求，重视教师个人价值的现实性要求。各高校应正视教师的正当权利和利益，注重营造良好的师德环境，以提升教师的幸福感和人生价值。只有这样，才能促进广大高校教师牢固树立崇高的社会主义理想信念，培养高尚的职业道德情操，激发爱岗敬业的奋斗精神，推动我国高等教育事业的长足发展。

（3）尊重学生成长成才与立德树人规律

尊重学生成长成才与立德树人规律，首先要认识到树人先立德，有德才有为。习近平总书记说过，"国无德不兴，人无德不立"。育人之本，在于立德铸魂。培养什么人，是教育的首要问题。党的十七大确立了坚持"育人为本、德育为先"的教育原则，党的十八大提出了"把立德树人作为教育的根本任务"，党的十九大强调了"落实立德树人根本任务"，由此可见立德树人的重要性。"立德树人"这一基本理念始终关乎着国家的发展和民族的未来。大学阶段是人生发展的关键时期，是世界观、价值观、人生观逐步成熟的重要时期。高校教师在进行教育活动的过程中，必须注重大学生德育工作，帮助其树立正确的人生观，明确人生目的、端正人生态度，为创造有意义有价值的人生夯实良好的基础。

立德先立师，树人先正己，高校教师加强自身师德修养是立德树人的关键。加强高校教师的师德修养，推崇高尚师德，提升德育水平，养成良好师风，是每位高校教师的应尽之职。

第一，高校教师要旗帜鲜明，树立坚定的信念意识。要有较高的马克思主义理论修养，要增强"四个意识"、坚持"四个自信"、做到"两个维护"，坚决贯彻执行党和国家的教育方针政策，以培育全面人才、创新科学研究、提供社会服务和传承优秀文化为己任，不追名逐利，要乐于奉献，甘为学生成才的阶梯。

第二，要恪尽职守，树立责任意识。高校教师要尽忠尽职、敬业爱岗，培育自己高尚的社会责任感和伟大的使命感，把献身于党和人民教育事业、为国家和社会培养人才作为责无旁贷的责任和使命。

第三，要为人师表，提高教书育人意识。高校教师要以身则、知行合一，同心同德、积极贡献，要坚持立德树人、育人为本、仁爱学生、诲人不倦，促成广大学生成长成才。

第四，要潜心学问，加强学术规范意识。高校教师要树立治学严谨、学术端正的精神；要博学多才、潜精研思，革新知识；在学识层面解决好给学生一碗水自己先装满一桶水的问题；要遵守学术规范，努力发挥自身的优势，积极从事科学研究，杜绝学术不端行为。

第五，要学习楷模，坚持实践意识。高校教师要研究真问题，致力于解决实际问题。要积极向教育名师、标兵人物学习，用心查找自身存在的不足与差距，要科学认识理论与实践相结合是提升师德修养的有效途径，探索理论与实践相结合的创新型教学方法，在实践中提升自身的师德修养。

育人为本，德育为先。在学生的学习活动中应该以学生为主，要突出教育活动的人文关怀。高校教师切忌枯燥乏味的说教和居高临下的训斥。教育的真谛和本质是珍爱人的生命，遵循生命的自然法则，供给心灵的营养，激发生命的潜质潜能，促进人的成长和发展。真诚而深切的爱是人本教育的灵魂和根基所在。没有这种生命之爱，就会偏离育人为本的方向。因此，在全方位全过程育人中都要突出人文关怀。在贯彻全面素质教育的同时强调主体教育、个性化教育，更有利于学生的健康成长和全面发展，更有利于培养高质量高水平的现代化人才。

三、教师的知识结构

近年来，人们已经普遍认识到，高素质教师的典型特征是具有教育专长，也

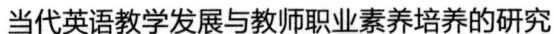

就是具有出色的教育表现和与之相适应的复杂的知识结构。对专家型教师和新手型教师的比较研究表明：专家型教师的职业知识结构与新手型教师的职业知识结构无论在数量上还是质量上都有显著的不同。教师知识结构是教师顺利从事教育教学工作的前提条件。

教师的知识是指教师在日常教育教学活动中生成且为完成教学任务而应具备的知识总和。教师知识结构可以简单地概括为由多种教师知识要素整合而成的专业知识体系，它是教师在教育实践活动中，经由自身学习、建构、反思、外化，最终储存在认知结构中而形成的多维度、多层次的动态知识体系，其中不仅包括不同知识要素间的比例构成、组织方式，还包括知识的整体存在样态。

（一）本体性知识

教师的本体性知识（也叫学科知识或专业知识）是指教师从事教学时，所拥有的某一具体学科的特定学科知识，如语文教师掌握的语文知识、数学教师掌握的数学知识等。这种知识决定了你能教给学生什么，这是一种人们普遍熟知的教师知识。从一般意义上说，教师的学科性知识应包括四个方面。

第一，最基本的知识和技能。教师应对学科的基础知识有广泛而准确的理解，熟练掌握本学科的基本概念，相关的技能、技巧，了解这些基本内容背后所蕴含的思想与方法。

第二，与其他学科相关的知识点与联系。教师要基本了解所教学科与其他学科相关的知识点和逻辑关系，这使得教不同学科的教师之间在教学上能够相互沟通、协作，在组织学生开展综合性活动时能够相互配合。

第三，本学科的发展历史与趋势。教师需要了解本学科的发展历史和趋势，了解推动其发展的动因，了解本学科对社会发展、人类发展的价值以及在人类生活实践中的多种表现形态。

第四，本学科的基本思想方法与思维方式。教师需要掌握每一门学科所提供的独特的认识世界的视角、域角、层次及思维的工具与方法，熟悉学科内科学家的创造发现过程和成功原因，在他们身上展现的科学精神和人格力量，这对于增强学生的精神力量和创造意识具有重要的、远远超出学科知识所能提供的价值。

（二）条件性知识

条件性知识是指教师知道在什么时候、为什么以及在何种条件下才能更好地运用原有知识、经验开展教学的一种知识类型。它实际上是指教师所具有的教育学与心理学的知识。条件性知识是教师关于如何教的知识，如怎样提问，怎样设计课程，怎样评估学生行为。它是教师在教学过程中如何把教师所掌握的本体性知识教给学生，将教师的专业知识以学生可以理解的方式进行知识传递的一种知识。

（三）实践性知识

教师的实践性知识是指教师在有目的的教育教学行为中所具有的课堂情境知识以及与之相关的知识。教师的实践性知识是教师如何灵活有效地进行教育教学实践所应具备的知识，它是教师教育教学经验的积累。

实践性知识是源于个人教育教学实践中不断自我反思、自我总结、自我领悟而逐渐生成的一种知识，它最能体现出教师的专业性。无论是结构还是内在成分，实践性知识在教师职业生涯的不同发展阶段都会有所变化，它一旦形成，便会迅速对教师教学发挥出引导作用，并会在教学实践和教学反思中不断完善。

（四）文化知识

教师除了要具有上面的三种知识以外，还要有广博的文化知识。文化知识是激发学生学习兴趣、提高教师个人魅力的关键，它包括常识性的文学、历史、地理知识等，是教师学科内容知识之外的重要补充。

四、教师的能力素质

任何一种职业都要求从事这项工作的人，除了掌握特定的知识、具有相应的知识结构外，还要掌握特殊的技能，具有相应的能力结构。教师是教育的实施者、组织者和引导者，教育是教师实现其价值的手段和途径。教师的职责不仅仅是传授知识，因为授之以鱼不如授之以渔，教师在教育中更要注重的是对学生人格、信念、能力的培养，把学生培养成符合社会发展需要的合格人才。教师的能力素质是教师综合素质中的一项重要内容，也是教师履行岗位职责、完成教育任务的基本能力。

（一）教师能力的种类及其结构

教师能力是指教师得以顺利和有效完成一定的教学活动所应具备的最直接、最基本的那些本领。教育能力包括思想品德教育能力、教学能力和组织言理能力。

罗树华、李洪珍两人在《教师能力学》（修订本）一书中，将教师的能力归

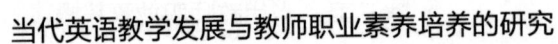

纳为教师的基础能力、一般职业能力和自我完善能力三个部分。他们认为：教师的基础能力是从事教师职业最基本的能力，主要包括教师的智慧能力、教师的表达能力和教师的审美能力等；教师的一般职业能力，是指各科教师都必须具备的教书育人的职业能力，它主要包括教师的教育能力、班级管理能力和教学能力等；教师的自我完善能力，是指当代教师应具备的使自己的思想、业务及人格不断趋于完善的能力，它包括以教师的自学能力、教育研究能力、撰写教学论文的能力、教学创造能力等为主要内容的扩展能力和正确处理人际关系的能力。

人们对于教师能力由哪几种能力构成的认识是一个动态的变化过程。教师的能力素质包括许多方面的内容，它是由多种能力组成的。

（二）教师教学能力及其构成

1.教学设计能力

教学设计能力是指教师在课堂教学之前，根据教学目的和要求，预先设计教学程序、确定教学方法、选择教学内容等方面的能力。教学设计能力体现在教学任务分析、教学对象分析、教学目标的编制、教学方法的选择等方面。

精心的教学设计是上好每一堂课的前提，是提高教学效果的基本保证。成功的教学在于教师出色的教学设计能力。在具体的课堂教学中，教师的教学设计能力主要表现为了解和分析学生的能力、教学内容的设计能力、教学方法的设计能力。

（1）了解和分析学生的能力

首先，分析学生的学习状况。学生的学习状况对教学设计有重要的影响，包括学生过去的学习基础、目前的学习动机和学生接受的程度、不同层次或不同类型学生的情况等。了解和分析学生的能力的重点是分析学生的起点能力。起点能力是指学生已具备的有关知识、技能、知识结构状态及能力水平。

其次，了解学生发展的身心特点和个性差异。造成学生个别差异的原因很多，有先天遗传素质、后天环境影响、教育条件等。教师要善于发现学生的个别差异，促使每个学生从自己的起点上前进，在自己的优势上发展，从知识、智力、兴趣、爱好、人际关系、个性特征等方面观察和分析学生的情况，从而根据每个学生的身心特点因材施教。因此，在教学设计之初教师要了解学生的身心发展特征、认知结构、学习风格、学习动机和需要，以便为针对性地进行教学实施和教学评价等活动提供依据。了解和分析学生的能力不仅是教师能力素质的重要体现，也是素质教育对每一个教师提出的必然要求。

（2）教学内容的设计能力

教师对教学内容的设计能力是教师课堂教学设计能力发展的重要组成部分。教学设计需要教师能够全面准确地理解教材，把握所授课程的内容及其要求，这就需要处理和加工教学内容的能力。教师要掌握教材的知识体系，准确地把握其深度和广度，还要能分析教材的科学性、知识性、思想性、系统性。

教师必须做到以下三点。首先是全面领会教材。根据各学科的课程标准，积极钻研教材。钻研教材的三个要求。一是"懂"，即要弄清楚、弄懂教材的基本思想、基本概念，以及每句话、每个字；二是"透"，即要透彻了解掌握教材的结构、重点和难点，能够融会贯通，运用自如；三是"化"，即教师的思想感情同教材的思想性、科学性融合在一起。

其次是深度解读教材，抓住教材内容的重点、难点与关键点。①突出重点。重点是教材中最基本、最主要的具有统摄性、概括性、能举一反三的知识。②排除难点。难点是学生难于理解、掌握和运用的知识和复杂技能。③抓住关键点。关键点是教材中对知识与技能的掌握和后继学习最有影响的知识。

最后是对教材进行精细加工。教学内容来源于教材，但不限于教材。教师要根据需要选择、调整教学内容。

（3）教学方法的设计能力

教学方法是师生在教与学双边活动中为了有效完成一定的教学任务所采用的方式与手段的总称。它是教师的教法和学生的学法的有效组合。教师教学方法的设计能力是指根据教学目标、学生特点、学科特点、教学环境等诸多因素来选择和设计教学方法的能力。在教学目标和教学内容确定以后，教学方法就成了实现教学目标、完成教学任务的关键，因此，选择最有效的教学方法是教学设计中的核心部分。教学方法不同，往往会收到不同的效果。教师要根据教学目的和任务、本门学科的内容特点、教学活动的规律及教与学的实际情况来综合运用各种教学方法，发挥教学方法的整体功能。

2. 教学实施的能力

教学实施需要多种能力参与，主要可归结为以下几个方面：教师使用教学语言及肢体语言表达教学思想和内容的能力，使用语言或者其他信息传播方式与学生进行交流沟通的能力，在教学中有效调动学生学习兴趣和积极性的能力，合理组织课堂教学进程和协调课堂教学活动的能力等。

3. 教学评价的能力

教学评价与反馈是检验教学质量并使教学系统不断改进和完善的重要环节。

该能力指向教师在教学活动全过程中所需要的评价能力，这是决定教师可否准确判断教学起点、教学效果及在教学进程中可否对学生的学习状态和学习效率进行正确评判，进而有效调整教学策略的重要因素。

学业评价能力包括在教学活动开始前对学生现有认知水平、知识积累、学习态度、学习需要进行分析评价，用以决定教学起点的诊断性评价能力；在教学进程中关注学生的学习状态，根据学习表现评价学生、反馈教学的形成性评价能力；在阶段性教学之后使用不同方法准确了解和评判教学效果及学生学业成就的终结性评价能力。

4. 教学反思能力

"反思"就是对思考的再思考。它主要包括两个层次：实践之后的思考和对已有思考的重新思考。所谓实践之后的思考包括三个方面：对教育现象、学生表现的思考，对教育行为、措施的思考，对教学行为、措施的思考。所谓对已有思考的重新思考，也包含了三个方面：对教育观念的重新思考，对经验、教训的重新思考，对自我成长的指导思想、自我意识、人生观与价值观的重新思考。教师的反思实际上就是对教育教学实践现象、经验等方面的深入、系统的思考的过程，是教师专业发展的重要手段。

教学反思研究最早开始于20世纪80年代，首先在美国、英国、澳大利亚等国的教师教育界兴起。在我国，统研究教学反思开始于20世纪90年代。国内外关于教学反思的研究表明，教学反思在教师专业成长与发展过程中的作用非常重要，培养具有反思意识和反思能力的教师也成为教师教育的主要目标之一。教学反思能使教师的行动变得有意义，会提高教师采取知情行动的可能性，能使教师发展关于实践的基本理论。教学反思是教师专业成长的有效策略。一个教师写一辈子教案不一定能成为名师，但一个教师如果写三年的教学反思，就有可能成为名师，这说明了教师撰写教学反思的重要性。

反思能力是教师以自己和自己的教育教学活动为思考对象，对自己的决策、行为、方法以及由此产生的结果进行审视、分析、调整的能力。通过教学反思，教师对自己的教学设计和教学实施过程进行及时调整与完善，从而不断提高自己的教学能力和教学水平，更好地实现教学目标。

随着课程改革的不断推进，教学反思越来越被广大教师所关注和重视，是推动教师专业发展和教师自我成长的一个重要途径。教学反思旨在思考、反省、探索和解决教育教学过程中存在的问题，是教师提高专业素养、改进教学实践的学习方式；是教师在教学过程中置身自己的教学情境，将教学研究融入教学实践，以研究者的眼光、用先进的教育理念审视和分析自己的教学理论和实践中的各种问题，对自己的行为进行反思，对出现的问题进行探讨，对积累的经验进行总结，使其成为规律性的认识，以便指导自己以后的教学实践，提升教育实践的合理性，使自己由单纯的学者型教师向研究型、专家型教师转变，使自己的专业化水平和能力素质不断提高的过程。

有效的教学反思对于教师的专业成长具有重要的意义，它不但有利于改进、优化教学工作，提高教学水平，还有利于强化教师的教育教学研究意识。美国心理学家波斯纳提出了教师成长的公式：成长＝经验＋反思。该公式体现了教师成长过程应该是一个总结经验、捕捉问题、反思实践的过程，充分说明了教学反思对于教师发展的作用。

（三）教师的组织管理能力

教师的组织管理能力是指教师对学生进行组织、领导、监督和调节的能力。教师的组织管理能力是一个教师取得教育和教学成功的保证，它直接影响到教育的效果。组织管理能力主要包括教学的组织能力、班级组织管理能力、组织及指导校外活动的能力和自我管理能力等。

1. 教学的组织能力

从教学的组织能力上说，应当善于培养学生获取知识的能力和运用知识的能力。从教育的组织能力上说，应当善于调动学生的学习积极性，激发学生的学习兴趣，培养学生的学习动机，使教学活动得以顺利、有效地完成。教学的组织能力主要包括教材组织能力、语言表达能力、课堂管理能力和思维能力等。

（1）教材组织能力

教师的教材组织能力包括两部分内容：第一，教材的分析与处理；第二，教材的呈现次序与方法。教材处理主要是指教师在实施课程教学的过程中，依据课程标准、学科特点、学生的实际情况以及本地区的实际教学条件对教材内容进行适度增加、删减、替换、调整顺序等，从而使之更好地适应具体的教育教学情境和学生的学习需求，最终形成教学内容的过程。

呈现教材的技能是指教师在教学情境中，将课程内容展示在学生面前，组织学生有效地掌握教材内容的一系列教学行为方式，包括整合课程资源、重组教材、创造性地使用教科书等各种活动。呈现教材的意义在于帮助学生理解教材内容，强化课程与学生经验及社会生活间的联系；发展学生搜集与处理信息的能力，获取新知识的能力、分析和解决问题的能力和交流与合作的能力；引导学生习得自主、探究、合作的学习方式，促进学习方式多样化。

国外有研究资料表明：教师安排学习活动有条理、有组织，学生的学习收获就大。因此，教师应该认真钻研教材，精心设计，突出重点，抓住关键点，突破难点，顾及教材的系统性和连贯性，精心设计每一堂课，即明确教什么，按什么顺序教，用什么方法教，并用恰当的方式呈现教材。

（2）语言表达能力

语言表达能力是指正确运用语言词汇传递信息的能力。语言是表达和交流思想的工具，教师主要通过语言把人类所创造的财富传授给学生，教师的语言组织和表达能力如何，直接影响教学效果。一般认为，教师恰当的语言组织和清晰的语言表达能促进学生对知识的理解。教学语言要通俗易懂；教学语言要生动形象；教学语言要有科学性；教学语言要有感染力。此外，教师还应该善于运用一些辅助手段（如表情、语气、姿态、动作等）以提高语言的表达效果。

（3）课堂管理能力

教师课堂管理能力是教师有效教学的重要保障。课堂管理是否得当直接关系到教学效率。

教师课堂管理能力主要包括：唤起学生注意，集中学生的注意力，使教学过程井然有序；灵活处理课堂偶发事件；发扬民主但不放任学生，使课堂始终处于既严肃又活跃的和谐状态。

教师要组织好课堂必须学会把握好以下几点：创造良好的教学情感氛围，使学生在情感上形成共鸣；运用灵活的方法，调节学生的情绪，采取适当的手段制止各种干扰；运用注意规律，引导学生的注意力；树立自身必要的威信，洞察学生心理；运用教学机智，控制课堂情境，维护课堂秩序，保证教学活动顺利进行。

课堂管理要求教师要转变管理观念，树立全面课堂管理的观念，崇尚人性化的管理。教师必须了解学生的心理和生理发展规律，掌握学生心理和生理发展的特点。教师要具有管理课堂的技能和方法。

（4）思维能力

许多研究资料表明，教师专业需要某些特殊能力，其中最重要的是思维的条理性、逻辑性、系统性、合理性。教师的思维的灵活性、流畅性、逻辑性等与教学效果有较高的正相关。在课堂教学中，教师在思维活动方面要加强思维训练，培养思维的品质。同时要根据学生的已有认知水平，通过教学语言把教材内容精确无误、有条理地呈现出来，使学生理解并加以运用。现代教育强调培养学生的思维能力，使学生学会思考，那么教师必须首先有较强的思维能力，尤其是逻辑思维能力。

2. 班级组织管理能力

班级管理是教师根据一定的目的要求、采用一定的手段措施、带领全班学生，对班级中的各种资源进行计划、组织、协调、控制，以实现教育目标的组织活动过程。班级活动状况直接关系到学生的生活、学习质量，教师在班集体管理中起着关键性的作用。教师必须具有班级组织管理能力，即教师应具有调动学生学习的积极性和主动性，发展学生的个性，逐步建设成一个团结友爱、朝气蓬勃的班集体的能力。

（四）教育教学研究能力

教师的教育教学研究能力是指教师运用一定的教育科学理论和教育科学研究方法，研究、探索及解决教育教学问题的能力。教师的教育教学研究能力又是由多种具体能力构成的，它包括发现问题的能力、选择研究课题的能力、搜集和整理材料的能力、分析和加工材料的能力、成果表述能力等。

教师拥有这种能力，有助于他们进一步认识教育教学规律，按教育教学规律办事，不断提高教育教学的质量和效率；有助于引导教师将自身的教育教学行为作为研究的对象加以审视、观察、分析与归纳，学会总结和科学反思，加速专业化水平的提高。

20世纪80年代以来，"教师即研究者"逐渐成为各国教育界的共识。教师开展研究体现了社会发展、教育变革对教师素质的基本要求。教师只有成为研究者，积极开展教育教学研究，才能提升教师的专业水平，有效地提高教育教学质量。

教育教学研究可以架起课程理念和教育理论转化为教学行为的桥梁，促进先进教学经验的提炼和传播，促进教师的专业发展；教育教学研究可以促使教师的角色由经验型向科研型转变；教师在教学研究过程中也可以体现自身的价值，体验成功的乐趣。一个教师如果不重视研究，或许他可以成为一个经验型的教师，但很难成为学者型、专家型的教师。

教师开展教育教学研究，可以有多种成果展示形式，如公开课、示范课、优质课等。教师可以通过系统的教育教学理论学习，教学实践及实验总结，形成自己的价值判断，得出自己对某个问题的观点，在此基础上形成教研论文，课题实施方案及阶段性研究报告等。尝试针对不同问题撰写论文，可以说是开展教育教学研究的有效形式。

第四节 教师的信息素养

人类正步入一个以信息快速增长为特征的信息时代,信息日益成为社会各领域中极其重要的因素,信息化是当今世界经济和社会发展的大势所趋。身处瞬息万变和信息量急剧增加的信息时代,终身学习是适应时代发展的必然要求,而良好的信息素养是实现终身学习的必要条件。在信息社会中,信息素养是信息社会人的整体素养的有机结构,信息素养是个人投身信息社会的一个先决条件,信息素养的培养关系到人们如何立足于信息社会。信息素养是传统文化素养的延伸和拓展,是信息社会中的公民所必须具备的基本素质,世界各国都非常关注和重视它,将其放到了与读、写、算同等重要的位置。有关信息素养的界定有很多种,不同的学者在不同的历史、文化背景下,从不同的视角对信息素养加以考察和描述,但到目前,信息素养还未形成公认的定义。

一、教师信息素养的要求

(一) 掌握信息技术基本操作

教师信息素养的基础部分是信息技术基本操作,不能对信息技术设备和软件进行良好操作,就根本谈不上其他信息素养。因此,教师首先需要熟悉、了解和掌握信息技术设备的操作。目前,信息技术基本操作主要包括:①计算机系统的操作与使用,包括最新的移动终端的使用。②信息的检索处理、共享交流,包括网络的基础知识和基本操作、下载信息的加工等。③办公软件的操作与使用,包括文字处理、表格统计工具 Excel 及幻灯片制作软件 PowerPoint 等。④多媒体素材的收集与处理,包括多媒体素材的剪辑,如截取、合并、嵌入等。⑤常用学科工具软件,包括几何画板、物理虚拟实验软件等。

(二) 学会进行有效信息处理

教师仅仅掌握信息技术操作技能是不够的,除了技术因素,还要考虑认知因素。因此,教师需要借助信息技术设备、工具和软件学会信息处理。信息处理的过程包括获取信息、管理信息、整合信息、评价信息和创造信息五个部分。信息处理能力的组成要素包括一些认知上的能力,比如综合能力、分析能力、决策能力等。

（三）能够利用技术赋能教学

对于一般人的信息素养来说，以上的两个部分其实就足够了，但对于教师来说，还有一个信息应用的问题，而教师信息应用的目的就是能够利用技术赋能教学，让技术真正地在教与学中发挥作用。

二、教师的信息检索能力

（一）信息

我们看到黑色的黑板，得到"黑板是黑色的"的信息；学生们看到黑板上留的课后作业，得到"今天的作业是课后习题1、2、3"的信息；教师和学生听到下课铃声，得到"下课了"的信息。我们无时无刻不在接收着信息，普遍来讲，信息就是指数据、消息、符号所代表的意义，描述着事物存在的方式、形态，是人们看到的世界。信息具有确定性，可以帮助我们减少事件中的不确定性，例如，在进行实验操作时教师提供的操作信息，帮助学生明确实验过程；同时，信息具有复杂性和个体差异性，这源于信息本身的复杂性，不同个体对数据、消息的理解和处理方式不同，所得到的信息也会产生个体差异，例如，下雨天留客不留，客人到底是留还是不留呢？不同的断句处理可能会得到不同的信息——"下雨，天留，客不留。"或是"下雨天，留客不？留。"

（二）信息检索

我们产生信息需求后，就需要进行信息检索来获取相关信息。信息检索是我们进行信息查询和获取的主要方式，是查找信息的方法和手段。在生活中，狭义的信息检索其实就是我们所说的信息查询，就是我们根据信息需要，采用一定的方法，借助一些检索工具，从信息库中找出所需要的信息的查找过程。信息检索主要经历了以下几个关键阶段。

第一个阶段是手工信息检索行为阶段，主要是人工进行书籍查阅等；

第二个阶段为机械信息检索行为阶段，这个阶段又可以分为早期通过穿孔卡片、选卡机进行检索的机械检索阶段，以及通过未联网的单机计算机进行信息检索和处理的计算机检索阶段；

第三个阶段是网络检索行为阶段，主要通过网络搜索分布式信息，这也是当前人们所应用的主要检索方式。

(三)信息检索的方法

根据信息检索发展阶段,我们可以将信息检索分为手工检索、机械检索和网络检索。

按照检索对象,可以分为文献检索、数据检索和事实检索。文献检索,顾名思义,是指要寻找包含相关信息的文献的检索。例如,为了解教师信息素养相关研究,在中国知网上搜寻有关"教师信息素养"的文献。数据检索:例如,地理教师在讲解各种气候不同温度的特征时,去相关气象网站查询各地的全年温度数据。事实检索:例如,历史教师在进行某一历史事件备课时,去寻找一些相关背景资料。

此外,根据信息载体的不同也可以分为文本检索、图像检索、视频检索、音频检索等,不同类型信息的检索需要使用不同的检索工具。

信息检索的方法主要包括以下三种。

第一,直接法,就是不利用任何形式的检索工具,直接通过原文或文献指引来获取有关信息的方法,主要包括浏览法和追溯法。浏览法是指通过浏览原文直接获取所需要的相关信息。追溯法是指通过寻找参考文献或引文等方式由近及远地进行信息查找的方法。例如,从教材中直接得到信息的方法是"浏览法",从教材中的引文出发搜寻原文的方法是"追溯法"。

第二,工具法,是指直接使用相关检索工具来检索信息的方法,主要包括顺查法、倒查法和抽查法。顺查法是指在进行课题研究搜寻某一主题相关信息资料时,按照时间顺序,从该主题的缘起发展到了解相关信息的方法。倒查法是指从最近的相关研究着手,从近到远逐步查询的方法。抽查法则是选取某个阶段的信息进行查询的方法。

第三,综合法,也叫作循环法,简单来说就是以上两种方法(直接法和工具法)的结合,相互取长补短,利用多种不同的检索方法进行查询,直到获得满意的信息的方法。

(四)信息检索的工具

1. 搜索引擎

第一种就是我们在日常生活和学习中最常使用的搜索引擎。搜索引擎是通过一定的算法和背后的规则设置(相关性、点击率)等提取我们的信息需求,通过对网络上的资源进行组织和处理,帮助我们进行信息检索,返回相应信息列表的相关系统。网络上的信息浩瀚无垠，而且毫无秩序地分布在各个地方，所有的信息就像是汪洋上的一个个孤岛，而我们之前所讲的超文本链接就是这些小岛之间纵横交错的桥梁。搜索引擎则像是为我们绘制了一幅一目了然的信息地图，可以方便地随时供我们查阅。其实，在我们看来，一般的搜索引擎都包含一个搜索框的页面，在搜索框中输入我们的信息需求，通过浏览器提交给搜索引擎后，搜索引擎就会返回跟用户输入的内容相关的信息列表。

2. 数据库

第二种网络信息检索工具就是数据库，主要帮助我们进行专业学习和文献检索。网络全文数据库是以期刊文章的全文为数据库对象，并在网上提供全文检索服务的数据库，按数据库的生产机构，可以分为出版商全文期刊数据库和生产商全文期刊数据库。出版商全文期刊数据库主要是期刊出版单位在其出版的印刷期刊基础上所建立的网络期刊全文数据库，例如，《中小学信息技术教育》《电化教育研究》等期刊所建立的在线全文数据库。生产商全文期刊数据库则是数据库的生产商根据一定的主题或一定的收录范围，整合一定数量的期刊出版物而产生的全文数据库，例如，中国学术期刊全文数据库、中国知网数据库等。

（五）网络教学资源检索的原则

1. 活动设计的不同取向

在对资源进行选择时，教师首先要把握我们进行教学活动的核心目标是什么，明确活动设计的主要取向，进而选择合适的资源以支持学生对学习目标的达成。

2. 对学习对象的了解

教师要明确的是，教育活动的主体是学生，教师处于主导地位，因此在开展教学活动时一定要以学生为中心。同理，在进行教学资源的选取时也要关注学生的心理和生理的主要特征，考虑学生的认知负荷，在把握学生的学习特征和生活经验的基础上对教学资源进行选择，使学生头脑中已有的知识经验和新的教学资源发生冲突和碰撞，进而促进学生的学习。例如，在选择教学资源时，教师应考虑以下问题。

学生的已有知识经验是什么？

学生可能关注的内容是什么？

……

3. 对资源的认识与理解

在把握教育教学活动的核心目标及对学生的心理与生理特征进行了解之后，

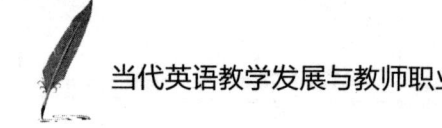

教师还需要对资源本身有深入的理解,这样才能清楚地知道不同类型的教学资源各自独有的特征,以及在什么情境下可以使用不同的教学资源,并且预估其在不用类型的活动中可能发挥出的作用,多方平衡后才能选择合适的资源,最大化地发挥教学资源本身的作用,为教育教学服务。

(六)教师信息检索的步骤

信息检索一般要经过以下步骤:第一,分析所要研究的课题,确定检索策略。首先要了解课题的实质、所涉及的学科范围及其相互关系,然后根据它的特点和要求制定相应的策略。第二,选择检索工具,查询所需信息的线索。能否检索成功的关键是看选择的检索工具是否合适。选择合适的检索工具,是成功检索的关键。一般来说,可以先利用本单位已有的信息检索工具,再选择外单位的检索工具,最后于检索主题内容对口的检索工具中选择高质量的信息检索工具。选完工具实施检索后获得的检索结果即为文献线索。第三,根据文献线索,获取原始文献。我们要对获得的文献线索进行整理分析,根据需要,可按文献出处的全称查找相应的馆藏目录并找到收藏单位,再索取原文。

三、教师的信息意识

(一)信息意识的含义

教师的信息意识是指教师对于信息是否具有敏锐的感受力、持久的关注力。简而言之,信息意识就是信息敏感程度,也就是我们能否看到信息,了解其背后的内涵,发现其与我们生活、教学中的关联点,并且持续对其保持关注。简单地说,信息意识其实就是当我们面对不懂的东西、面对我们日常生活中需要解决的问题时,能否积极地、主动地去信息海洋中寻找答案,并且知道用什么样的方法、在哪里可以获得我们想要的内容。

当处于被动接收状态时,我们缺乏对信息的内在需求,而只是一味地、本能地接收信息,对信息并没有进行积极的、主动的处理和加工,这样使得我们对信息的处理效率降低,也难以从已有信息中提炼出新的观点和有价值的内容;而处于自觉活跃状态时,我们对信息会非常敏感,对信息的内涵挖掘也会很深入,当面对一些需要解决的问题时,我们也可以积极主动地去信息中获取所需要的知识。信息流的不同意识形态使我们有不同的行为,但是,信息意识也不是静态的，当我们意识到自己的信息意识处于被动接收状态时，也可以通过有意注意等后期调整来改变和提升自己的信息意识。

（二）信息意识的内容

1. 能够认识到信息在信息时代的重要作用

随着时代的发展，许多新兴的概念和信息在快速地发展着，教师要在这样的背景中意识到这些信息和概念在当今这样一个信息时代是具有非常重要的作用的。教师在信息时代要时时持有终身学习、勇于创新、尊重知识、注重版权的观念。

2. 对信息有积极的内在需求

每个人在不同的情境下处于不同的角色中，都有着不同的信息需求。当自己是一个新手父母时，可能需要寻求一些育儿信息；当自己作为一名教师在备课的时候，需要寻求相关知识内容的信息，在对学生进行心理辅导时，需要学生心理发展和调节的相关信息。

3. 对信息的敏感性和洞察力

如果要对信息保持敏感性和洞察力，教师需要做到以下几点：

①能迅速地发现信息背后的含义，有效地掌握最具有价值的信息。
②善于从微不足道、毫无价值的信息中发现信息的隐藏含义和价值。
③善于辨别信息的真实性和可靠性，以判断自己是否可以使用。
④善于将信息中所表述的内容与自己的实际生活、教学迅速联系起来。
⑤善于从各类信息中找出解决问题的关键信息。

（三）加强教师信息意识的建议

1. 持久地、有意识地涉猎不同领域的信息

教师可以在日常生活中有意识地接触不同领域的信息，以增强自己对不同信息的接收力和敏感性。对不同领域信息的捕捉和分析，可以帮助教师快速地掌握信息，即使是自己不擅长的领域。虽然信息有内容的领域之分，但是对信息的理解力没有领域之分。同时对信息要具有持久的注意力，这种持续的信息关注会成为一种习惯性的倾向，无论在什么时间、什么地点，都可以保持对信息的关注，无论是学校的还是社会的、专业的还是非专业的、与教学有关的还是与学生学习有关的信息，教师都需要了解，并且与自己目前所关注和要解决的问题联系

起来。这样可以帮助教师更好地工作和生活，也帮助教师成为头脑敏捷，善于捕捉、发掘信息并善于创新的"信息人"。

2. 运用多种方法记录自己对信息的想法

教师还可以通过记录自己对信息的分析和想法，不断拓展自己对信息的联想力，同时建立属于自己的一个小小的信息"库"，可以在自己写报告、备课时翻出来看看，作为一个资源库的补充。当前教师都是通过电子设备进行数字化信息的阅读的，那么也可以利用多种信息化方法来记录自己的想法和信息。例如，可以利用手机备忘录、Word 文档等文本记录工具来记录，用表格的形式来记录会更加清晰；还可以选择思维导图等知识建构的软件生成自己的可视化信息库，思维导图可以帮助我们更加清晰地看到各个信息之间的联系，并且帮助拓展思维。不管运用何种方式来记录想法，这都会成为今后的动态资源库，也帮助教师不断加强自己的信息意识。

3. 运用理性和感性并存的科学辩证视角分析信息

教师可以通过对信息的发散性分析，认识到信息的重要性，提升教师的信息敏感度，增强信息意识。当看到一个信息时，不能只感性地看到事件中所传递出的人文信息，还要评判信息的好坏，同时要结合理性的思维去思考：

为什么会发生这样的事情？

这样的事情代表了社会中的什么现象？

这件事情的未来走向是怎样的？

……

教师要结合感性知觉和理性思考深度辩证地看待信息，并且联系到自己，想想这些信息对自身的意义和价值是什么。

四、教师的信息技术工具运用能力

（一）信息技术的优势

1. 丰富的信息表现

技术的介入使原本枯燥抽象的知识"活"了起来，文字、图片、动画、视频、声音、虚拟环境等其中一种形式或几种形式的组合，让知识拥有了更多的表现形式，调动了学生视觉、听觉、嗅觉、触觉等多种感官，有利于吸引学生的注意力。例如，近年来被教育工作者广泛应用的微课，以其"短小精悍"的特点被人们所熟知，教师借助微课将抽象枯燥的知识生动、形象地展示出来，营造有趣味、有探究性的环境,激发学生的学习兴趣。然而教师要想自己制作一节微课确实不是一件容易的事情,需要借助文档编辑、视音频录制与剪辑、动画制作等一系列软件工具。

2. 情境化的探究拓展

随着教育研究工作的深入,人们对教育的认识逐渐趋于理性化,在一次次的课程改革、教学大纲改革中开始意识到以往"教师讲,学生听""黑板+粉笔"的常规教学情境已经不能满足学生的学习需求了,需要增强课堂的生活性、情境性和趣味性。这时,技术就发挥出了自身的优势,为教师提供了新思路。

3. 学习数据的精准分析

学生在学习的过程中会产生大量的数据,如各阶段考试成绩、每日作业完成情况、学生学习活动记录等。在以往的教学中,这些过程性的数据常常会被忽视,教师将更多的注意力放在了学生期中、期末的考试成绩上。此外,在大班化教学中,教师一人要面对30—40名学生,甚至是五十多名学生,教师要想面面俱到,给每个人都提供个性化、有针对性的教学,显然是有困难的。技术的优势则在于能够处理人工无法完成的海量数据,实现高效的数据采集、结构化的存储及精准客观的分析。在现代化教学工作中,技术工具的使用使个性化、精准化教学得以实现,教师借助数据分析工具中强大的信息管理资源库为每一位学生建立学习成长档案袋,记录学习过程中的点点滴滴。

4. 增强课堂师生互动

师生互动是课堂教学的重要组成部分,良好的师生互动有助于增强课堂的学习氛围,通常情况下互动由教师发起,然后教师邀请学生回答问题、协助教师完成某一活动、上台展示或是进行小组合作等。上面提到的这些互动形式在现实课堂教学中十分常见,教师采用起来也得心应手。然而当真正走进课堂时,我们就会发现,这样常规的师生互动对学生来说似乎缺乏了"新鲜感",并不能有效地调动他们的积极性。技术工具的介入则可以为教师开展师生互动提供新点子,市面上存在各种各样的互动工具,如由抽奖装置改造而成的随机点名工具、由视频弹幕互动演变而来的课堂弹幕互动工具……这样的新型互动方式对学生来说充满着神秘感,他们会带着强烈的好奇心积极参与到互动中。

5. 虚拟社区的分享参与

在当今社会,上至80岁的老人,下至学龄前的儿童,只要想学习就能学习。科技的飞速发展打破了物理时间和空间的限制,学生不必被局限在严肃的课堂中,在规定的时间段内集中接受学校教育,越来越多的人开始选择在互联网上学

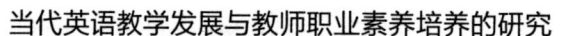

习知识。在这样虚拟的学习环境中，学生们根据学习兴趣、所学课程、个人喜好自行组成学习小组或学习社区，通过电子邮件、视频会议、论坛、QQ群组、微信群聊等形式进行有效的资源共享与信息交流。在虚拟社区中，每一位成员既是知识的拥有者，又是知识的需求者，通过彼此的互动交流实现知识的共享。

6. 促进教师专业发展

21世纪是一个信息化、网络化的时代，科技的迅猛发展使各行各业都开始转变，教育领域也不例外。在教育朝着信息化方向发展的过程中，教师也面临着前所未有的挑战。教师不仅要更新自身的教学观念，还要掌握必备的技术能力，例如，学习使用各种先进的软件技术，摸索出一种能够很好地将技术与学科教学融合到一起的教学方法，等等。除此之外，技术的进步也为教师提供了更加丰富的学习资源，例如，借助微信公众号（如"中国微课""萤火虫数学工作室"等）、教育教学网站（如"爱课程""第一PPT""教习网""学科网"等），或是加入相关教学研讨微信群与同领域工作者共同探讨教学问题，以提升自身的专业能力。

今天，教师的角色不仅仅是给学生传递知识与技能，而是需要使学生的学习更有意义。信息技术的出现为教师的教学工作提供了新的可能性，但同时，也对教师如何在教学中有效地使用技术提出了更高的要求，这些要求需要教师不断地再学习，以获得新的知识与技能来适应信息时代的教学工作。此外，各种信息技术不仅方便了教师的教学传递，同时还构建了教师间的国际合作、在线学习等各种新的专业发展形式。越来越多的证据证实信息技术可以提供更加有弹性、更加有效的方式来支持教师持续的专业发展。在信息时代，信息技术在教师专业发展中的角色主要体现在信息技术成为教师专业发展的内容及信息技术成为支持教师专业发展的手段这两个方面。

（二）教师运用信息技术的工具

1. 信息呈现工具：促进学生深度理解

信息呈现方式有很多，除了常见的文字，还有视频、动画、照片、模型图、真实模型等，表现形式不同，自然传达出的内容也有所不同。在信息化教学中，信息呈现工具成为教师教学工作中的得力助手，它们将原本烦杂、无序的信息内容变得形象化，具有条理性。例如，教师使用思维导图绘制教学内容框架，在课程刚开始或者即将结束的时候，学生看图即可准确把握文章的整体结构、层级关系及各内容之间的内在逻辑联系，从而快速了解或回顾整堂课的内容。

此外，教学中还经常出现各种图，像电路图、几何图、生物结构图、地理地形图等，这些图形图像的应用能够帮助学生以更为形象的方式理解抽象的事物。在现实生活中，大部分教师会选择直接使用网络上现成的图片，这样的图片虽然获取方便，但存在清晰度低、无法再编辑等一系列问题，如果教师能够自行制作图片无疑是更好的，这时就可借助一些技术工具，如几何画板、网络画板等绘图工具。

2. 知识建构工具：形成学生的知识结构

学生在知识建构的过程中不仅需要持有"对某一事件的观点、看法"并配合一些"手段的使用"，还需要与学习伙伴进行交流学习，因此，我们十分鼓励在教育教学中开展以小组为单位的协作学习。为了让学生更好地开展协作学习，形成知识结构，教师可借助微信、QQ 等社交聊天工具，石墨文档、腾讯文档等协同编辑工具，以及语雀、熟客平台等在线协作学习平台，为学生提供更加便捷的服务。

3. 课堂互动工具：实现有效的师生互动

师生间良好的互动有助于教学活动的开展。教师可以通过学生的反馈及时调整自己的教学步调，进而将教学内容以更加适合学生的方式传授给学生，而学生可以通过与教师、同学的互动更好地理解教学内容。以往的互动方式或许缺乏新鲜感，又或许不适合教学，这时技术手段就发挥出了它的优势，如课前签到、限时提问、拍照上传、弹幕交流……像 UMU、雨课堂这样的互动软件在市面上还有很多，这些软件虽然很小，但所具备的功能总是能让人眼前一亮，为教师创造全新的师生互动模式提供支持。

4. 数据分析工具：帮助教师进行精准教学

学生在学习过程中产生的数据尤为重要，它能反映出学生的学习状态、学习投入程度、学习进度、学习效果等内容。尤其是在新型冠状病毒肺炎疫情暴发以来，全国大中小学均无法正常开展线下教学，很多学校不得不采用在线教学的方式。教师看不到学生，无法了解学生的学习情况，因此在线教学中就隐藏着一个巨大的问题——学情数据分析问题。一方面，有些教师对这些数据缺乏关注，将注意力更多地放在考试成绩上；另一方面，有些教师面对在线教学平台上的庞大数据显得有些力不从心，不会分析。因此，运用数据分析工具对教师来说就变得十分重要了，工具可以根据学生参与教学活动产生的行为数据（例如，学习资源使用数据、微课观看数据、与其他同学讨论数据、提问数据等）及学习结果数据（例如，平时小测、作业、考试数据等），为每一位学生自动生成可视化的学习报告，供教师了解学生近期的学习状况，帮助教师更好地实现精准教学。

5.分享交流工具：实现混合式教学

通过分享交流工具，学生可以表达自己的观点与想法，完善不成熟的地方；通过分享交流，学生同样可以聆听他人的观点，开拓自己的思维。在线下课堂中，教师可以借助"老朋友"——PPT、交互式电子白板等设备及面对面的交流讨论实现分享，在线上虚拟教学环境中，教师则可以通过钉钉、企业微信等软件中的视频会议、屏幕共享、头脑风暴等功能或者使用微信、QQ等社交软件开展交流讨论，使异地分享成为可能。

五、教师信息技术教学创新的能力

（一）教学创新的前提

1.社会化学习不能少

无论是现在市面上成熟的社交软件（如微信、QQ、钉钉），还是学校为学生配备的平板电脑或台式电脑等电子设备，都是为了让教学朝着更加智能化的方向发展，这无疑是正确的。但值得注意的一点是，社会化学习并不该因为教学的智能化而被替代，二者应该互利共生。在教学工作中，教师借助同步协作工具开展社会化学习活动，学生邀请同伴与自己一起处理、编辑文档，大家就具体问题展开思考，分享彼此的观点；或者，教师通过安排小组讨论、翻转课堂、头脑风暴等活动让学生进行社会化学习。

2.确保学习真实有效

实践出真知，在现实生活中学习才是最好的学习方式。教师在教学过程中要帮助学生找到科学知识和日常生活之间的桥梁，让学习变得真实有效。例如，教师在课堂上与学生探讨铺砖问题时，可以让学生们自己动手检验各种正多边形是否能够无缝隙地铺满整个课桌。此外，教师也可带领学生进行实地考察，真正深入现实世界中，学习课本中无法获得的知识。例如，教师可以带领学生参观动物园，了解各种动物的体态特征、生活习性及生存环境，让学生在真实的情境中了解各种生物。

3.确保技术可以增值

如果加入技术能够使学习过程变得轻松容易，而去除技术会导致学习无法完成或者学习效率低，这就体现了技术的增值特性。例如，学生可以使用录音软件录下自己朗读英语课文时的音频，之后借助音频检查自己英语单词的发音、朗读的流畅度及阅读过程中的情感状态，并对错误之处加以纠正，这样可以更好地提升自身英语口语的表达能力。再比如，教师在梳理文章脉络结构时，可以借助思维导图、流程图等工具手段，对文章层级结构、时间脉络进行归纳整理，这样的形式不仅清晰明了，而且内容完整，不会出现信息缺失的现象。

（二）教师信息技术教学创新的方式

1.情境学习：让学生置身其中

近年来，随着科技的进步，越来越多的新式工具进入人们的视野，虚拟现实、增强现实、混合现实也逐渐融合到教育领域中，以增强教育的情境性。例如，教师让学生佩戴头盔、眼镜等VR设备模拟地震、台风、火灾等自然灾害情境来进行安全教育，提高学生的安全意识。在模拟的VR安全系统中，学生可以毫无顾忌地操作，不用担心因操作失误而引起不良后果，也不必担心自身的安全问题。

2.基于网络的项目式学习：让学生成为学习的主人

项目式学习旨在通过教师的引导，帮助学生以小组为单位开展基于开放性现实问题的探究活动，而技术的介入为项目式学习活动的开展提供了极大的帮助。项目式学习要求学生在学习过程中独立思考，主动探索新知识。身处信息时代的我们，想要知道某种知识十分简单，打开浏览器"百度一下"，就能找到与之相关的很多信息。因此，教师在开展教学工作的时候，大可以放手让学生自己去查阅资料，学生在信息检索的过程中不仅学到了知识是什么，还学到了怎么用知识、为什么要用知识。此外，项目式学习还强调对学生的信息素养、团队协作能力、沟通能力的培养。身处海量数据中的学生，在检索查阅信息的过程中，避免不了要对信息的真伪性进行甄别，从中提炼对学习有用的信息，也避免不了与其他人交流互动及分享展示等一系列活动，慢慢地，学生在点滴活动中得到了能力的锻炼与提升。

3.翻转课堂：让学生成为自定步调的学生

美国科罗拉多州的林地公园高中最先刮起"翻转课堂"之风，翻转课堂的实质在于增加学生和教师的互动和个性化沟通，学生进行自主学习，教师不再是讲台上的圣人，而是学生身边的导师，对学生提出的问题给予指导和建议。在翻转课堂教学中，所有的学生都能参与其中，所有的学生都能获得个性化教育。

翻转课堂的出现无疑为教学工作打开了一扇大门，学生成为自定步调的学生，实现自主化、个性化学习。另外，技术工具的发展也为翻转课堂提供了强有力的保障。以往的教学中常常会出现课前学习无法监测、学习资源单一、课后复

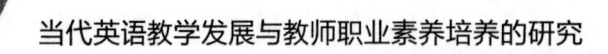

习不到位、作业提交方式不合理等问题，这些问题在现在看来都已不再成为问题。课前，学生通过网络教学平台或者班级群组接收教师发来的学习资料，包括微课视频、学习清单等，预习新课。课中，教师根据学生预习的反馈信息对重难点知识加以回顾，并结合具体问题采用小组讨论或单独辅导的形式解答学生的疑惑。课后，学生再次回到网络教学平台或班级群组中查看课程学习笔记与课后作业，以实现对所学知识的再次巩固。另外，学生还可以在课后借助平台与班内同学、教师继续讨论问题，延续课堂学习。

4. 泛在学习：让学习随时随地发生

在当今信息获取如此便捷的时代，学生可以利用身边的手机、平板电脑、笔记本电脑甚至家里的网络电视在任何时间、任何场所进行4A（Anyone, Anytime, Anywhere, Any device）学习，而这种不受时间、地点、学习方式约束的"4A学习"就是我们常常提到的泛在学习。例如，在正式课程教学中，教师借助微课呈现碎片化的课前学习内容，学生不论是在晚上学习也好，还是在白天学习也好，只要在课前完成预习任务就行，在时空上学生的学习具有很大的弹性。再比如，当学生遇到某一问题时，具体来说，如想要解决手机热点的连接问题，强烈的学习需求就会迫使学生主动打开浏览器搜索相关内容进行学习，这种非正式资源学习的学习内容、学习目的和学习方式都具有很强的随意性。再或者是学生在教师的带领下开展一次正式主题学习，调动各学科综合知识与技能，针对某一主题展开探究。

第五节 教师的专业发展

一、教师专业发展的研究

在教师教育研究领域，特别是在当下构建高素质、专业化、创新型教师队伍的话语体系中，与教师素养密切相关的另一概念是教师专业发展。在科学主义和人文主义哲学思潮从对立到融合的影响下对教师专业发展的定义和内涵的阐释也有所不同。

就教师专业发展的定义而言，国内外学者主要有三种代表性观点：第一种观点是把教师专业发展理解为教师个体、内在专业素养提高的过程；第二种观点是将教师专业发展视为促进教师专业成长的途径和策略,即教师教育;第三种观点是将教师专业发展理解为教师教育的发展和教师个体由非专业人员成长为专业人员的过程。

同时,在阐释教师专业发展的内涵时,在科学主义哲学思潮的影响下,人们在界定教师专业发展时,主要从教师专业化视角,探究教师作为专业人士所必备的专业理念、专业道德、专业知识和专业能力。专业理念是指教师自己选择、认可并深信不疑的教育观念或教育理念,包括教育观、学生观、教育教学理念等。专业道德是指教师在从事教育教学过程中,通过个人和集体专业学习或参加教师专业发展活动等所形成的比较稳定的道德观念、行为规范和道德品质。专业知识是指在教育教学过程中所形成的系统的学科知识、扎实的教育学知识、广博的通识知识和文化知识。专业能力是指教师在从事专业性教育教学活动中所必备的学科能力和专业能力两部分,其中,学科能力是教师基于学科知识的解决问题的能力,专业能力是教师教会学生如何学会学科知识的能力等。

在人文主义哲学思潮的影响下,特别是在人学、关系教育学、社会建构主义理论和学习共同体等交叉理论的影响下,国内外学者认为教师专业发展不能仅局限于科学主义哲学范畴指向下的"能力为本"的模式,将教师发展和教师学习视为孤立学习知识和技能的过程,而应将教师学习和发展置于教师所处的社会文化环境之中,探究教师在与"他人"(学生或教师)在学习共同体内的互动交流过程中所从事的专业学习和教师专业发展活动。因此,教师发展还应包括教师学习能力和教师反思能力。

二、教师专业发展的内涵和结构

(一)教师专业发展的内涵

在纵向上,教师专业发展被理解为一个连续的、包含职业生涯的终身过程,即教师教育,包括教师的职前培养、入职教育以及在职培训。教师专业发展是指一切促进在职教师专业成长的活动安排,既包括各种正式的学习、培训活动,也包括其他各种非正式的、融入日常专业实践的、有意识的学习、培训活动。

在横向上,教师专业发展被理解为一个动态的正式学习和非正式学习过程。该观点认为教师专业化就是个体内在专业素质提高的过程,强调个体在专业发展中的主观能动性及专业发展的动态性和持续性。

(二）教师专业发展的结构

1. 专业精神

所谓教师专业精神是指教师在从事教育教学这一专业工作时所持有的理想、信念、态度、道德操守等，是指导教师从事本专业工作的精神动力。具体来说，教师专业精神包括教育信念、专业态度和职业道德。

教师的教育信念是教师在理解教育专业本质的基础上形成的关于教育的观念和理想信念，是教师的精神追求和奋斗目标，是教师提高素质的关键所在。教师的教育信念具有专一性、稳定性、执着性等特点。

2. 专业知识

格拉斯曼在舒尔曼七个知识类别的教师知识结构模型基础上将教师的知识基础重构成四种知识类型，即学科知识、一般教学知识、学科教学知识以及背景知识。学科知识包括一门学科的基础知识及相关的学科高深知识，还包括该学科的实质结构知识、章法结构知识以及学科信念知识。一般教学知识包括关于学生与学习的知识、课程与教学的知识、课堂管理知识等。学科教学知识包括四个方面：一是学科的教育目的、目标；二是学生关于特定学科内容主题的先备知识；三是课程知识，即对学科课程教材的了解；四是教学策略。背景知识包含环绕教师工作的各种背景。

3. 专业能力

教师专业能力是指作为专业技术人员的教师在从事教育教学活动中能利用教育理性和教育经验灵活地应对教育情境，做出敏捷的教育行为反应，以促使学生全面、主动地发展所必需的教育技能。

第四章 当代英语教师职业素养培养的现状与建议

当今英语教学的发展受诸多因素的影响，其中英语教师素质是起关键作用的因素。在经历了统一化和规范化的教学之后，今天的英语教学正面临着方向性突破，英语教师的职业素养的培育也面临新的问题。本章介绍了当代英语教师职业素养培养现状，并分析了其中的主要问题，针对这些问题提供了具体的优化方案。

第一节 当代英语教师职业素养研究现状

一、当代英语教师职业素养的特点

受科学主义哲学范畴指向下的教师素质研究的影响，外语教师发展促进者认为，一名外语教师的专业发展主要基于教师作为"职业人"的知识体系的合理构建。换言之，作为一名优秀的二语或外语教师，他不仅需要了解外语学科知识，还应了解教育学本体知识和外语教学知识，如应用语言学理论知识、外语教学规律等。

受一般教师教育领域对教师内隐知识体系研究的影响，有学者研究发现，优秀二语或外语教师的知识体系，不仅包含外语语言知识、相关学科知识、教育学知识和外语教学知识与技能，还应包含合适的语言观、教学观、发展观和反思实践能力等。基于教师视角，我国优秀外语教师素质特点主要体现在以下四个层面：外语学科教学能力、外语教师职业观和职业道德、外语教学观、外语教师学习与发展观。

二、国内外当代英语教师职业素养研究现状

（一）研究的理论基础

1. 理论与实践的关系

理论与实践的关系大体可梳理为三种：第一种关系体现为理论来自科研实践。从科研实践中采集数据，通过科学、系统的数据分析，从丰富的研究数据中凝练理论，形成"扎根理论"。这种理论价值体现在研究者通过合适的研究方法或研究途径，逼近或揭示现实"真相"，丰富研究者对"未知"世界的认知。第二种关系指的是理论有待实践的检验和丰富。换言之，科研实践所得某一理论正确与否或是否具有可行性，有待实践的进一步检验，有待来自不同研究语境中的研究者针对不同研究对象进一步验证这一理论的正确性和可行性，以验证、丰富和发展这一理论。研究者这样做的目的在于无论所采用的研究方法如何无可挑剔，研究结论的正确性和可行性如何高，毕竟它们（理论）不是事实，而是研究者受一定价值、观念的影响所做的判断。从这个角度来看，每一个理论仅是使研究者逐渐接近事实的"真相"，但需要更多科研实践去检验。第三种关系可理解为没有一种理论远离现实实践，而是用来理解现实实践。换言之，某种理论或某些交叉理论为研究者从事科研实践或解释科研中所发现的事实真相提供了一种视角或视域。

2. 交叉理论

关于学科交叉的概念，学术界并没有形成统一的定义。最早公开使用"学科交叉"一词的是1926年美国哥伦比亚大学心理学家伍德沃斯。跨学科是指超越一个已知学科的边界而进行的涉及两个或两个以上学科的研究领域。跨学科科研和跨学科教育是国际上早期跨学科活动的两个重要拓展方向。总之，学科交叉实现了不同学科间的交流和融合。学科交叉是一种现象，科学理论是系统化的，是关于客观事物的本质及其规律性的相对正确的认识，是经过逻辑论证和实践检验并由一系列概念、判断和推理表达出来的知识体系。学科交叉理论则是研究学科交叉现象过程中所产生的认识、论断及方法等形成的科学知识体系。从科研角度来讲它是研究主体与学科间的内在联系，创造开发跨学科知识产品的特殊活动；从教学角度讲，则又是用系统论的观点将不同学科基本理论知识、研究方法及教学方法等整合起来，培养出具有创造性和综合性专业知识的优秀人才。在学科交

第四章　当代英语教师职业素养培养的现状与建议

叉理论发展的近一百年里，关于学科交叉及其衍生概念交叉学科的研究与实践活动经历了早期自发孕育阶段、自我成长阶段以及社会化的长足发展阶段。21世纪，我国跨学科实践和理论在自然科学、社会科学已得到广泛应用。跨学科概念自诞生起，就受到国内外高校的广泛讨论。

二语或外语教师教育领域属跨学科研究领域，在阐释优秀英语教师素质特点时，研究理论视角不能脱离教育学、教师教育和应用语言学领域的最新研究成果，否则将不能很好地阐释科研实践中所发现的"事实"。据此，研究者认为两种主要哲学思潮融合趋势下的交叉理论，能更好地帮助研究者从学生视角挖掘与阐释外语教师教育领域的事实"真相"——何为优秀英语教师的素质特点。

（1）专业学习共同体的概念界定

从字面看，"学习共同体"是"学习"和"共同体"的结合。不管哪类学习共同体，共同体各成员都以实现共同教育愿景为目标，以完成共同的学习任务为载体，以促进成员间个人、集体学习和专业成长为目的。此外，学习共同体强调团体的社会功能：通过共同体成员的相互学习、沟通交流，在互动交流中分享学习体验，以促进各自的学习成长和专业发展。

在教育领域，对学习共同体理论的认识可追溯到美国教育家杜威提出的"教育即社会""教育的功能在于改革社会"等进步主义教育思想，强调学校要构建一个由拥有不同经验的个体成员所组成的学习共同体，在平等、自由的人际互动交往中，成员间通过分享个人经验和观点，拓展个人对社会和学习的理解，实现个体经验的生成和对社会的改造。

学习共同体有着丰富的内涵，不仅融合了共同体成员"自觉"的专业学习，还融合了共同体成员作为人的"自由"情感和道德的交往，体现了两种哲学思潮融合趋势下对"人"的全面探究。此外，学习共同体具有很强的理论包容性，吸收了关系教育学、人格发展理论、组织学习理论、社会建构论、社会互动论以及生态学理论等基本理论内核，不仅为理解我国当前高等教育的理念带来了重要启示，而且为探究优秀英语教师的素质特点和英语教师的专业发展带来了全新的交叉理论视角。

（2）交叉理论的支撑体系

①关系教育学。科学主义哲学视域下的高等教育注重对学生未来专业化和职业化的培养，这导致在传统教育课堂内外，师生间的交往侧重知识的传递和接受，而对师生间的情感互动与交流缺乏足够的重视。

有鉴于此，关系教育学的专家认为，这种单纯理性的知识传递与交流过程不能帮助教育者实现教育的功能美。所以，须建立一种"激进"的教育学，教育过程不应是知识、技能的传递与接受的过程，而应是师生间真诚情感的互动交流活动。教育者应对学生施以更多关心、爱护和人性关怀，将关怀学生转化到教育实践的全过程中。教师对情感和人际关系的关注应多于对理性知识的传递。此外，知识的传递与接收应建立在师生双方互动、沟通和协商的基础之上，进而达成共识。

在各种学习共同体中，例如在学生和教师组成的课堂环境、学校环境中，若教师意识到培养"完人"的现代教育功能，并能恰当地把握自己对待学生的态度和行为，给予学生更多鼓励和自主创造性的培养，就有利于形成师生之间良好的人际关系，培养学生关爱、友好、合作和自信等良好品格。同样，教师在良好的师生人际关系中，也应学会友爱与合作，形成学习共同体内良好的社会人际关系，促进学生心智发展，提高高等教育水平。

②社会建构主义理论。社会建构主义理论认为，在学习过程中，教师、学生、任务和环境这四大因素处于相互作用、相互影响的动态统一体中（见图4-1-1）。

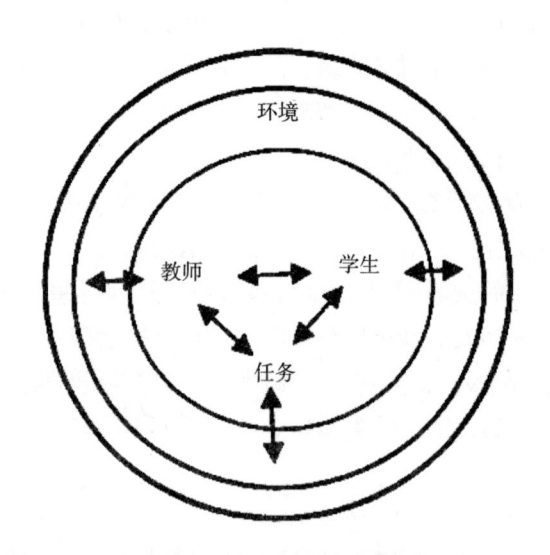

图 4-1-1　社会建构主义理论四大因素动态统一体

该理论既强调学生的中心地位，强调学生是信息加工的主体，是主动的建构者；又重视教师作为中介的重要性，把教学视为人际互动的过程，同时又注重教育环境与教师、学生之间的互动关系。因此，社会建构主义理论的核心教育理念是以学生为中心的，其教育功能是最大限度地促进学生与情境的交互作用，通过教师的中介作用，帮助学生积极、主动地建构知识，完成任务。

③教育生态学理论。教育生态学来源于生态学，它视课堂教学环境为一个有机的生态环境，课堂内各教学因素构成一个系统的生态网络，而课堂环境又和学校环境、社会文化环境形成一个不可分割的生态系统，强调教育的系统论和整体论。

研究者在研究教育问题或教育现象时，不仅要研究教育本身的内在系统，综合分析影响教育现象或问题的各个组成部分，以及它们之间的相互关系和相互作用，而且还要研究教育与周围生态环境之间的相互作用，通过研究各种教育现象及成因，把握问题中的因果关系结构，理解所研究的教育现象或者教育问题在整个教育生态系统中的动态关系和作用。广义的学习共同体正是教育生态学理论的具体体现。

3. 科学主义和人文主义

在科学主义和人文主义两种哲学思潮尚未走向融合而处于对立的过程中，教师教育研究呈现如下理论探讨和实践尝试。

从19世纪末20世纪初西方科学主义哲学诞生之日起，受自然科学实证主义理论的影响，人们在教师教育领域探究优秀教师素质特点时，重视"实验性经验"在教师教育中所起的重要作用，通过分解的一系列外显的、具体的、可操作的行为指标来考量教师素质的高低和教师优秀与否，并将这些指标体系用来培训职前和在职教师，希冀他们将这些指标体系应用到各自的教学实践中。可见，科学主义视域下的教师素质和教师发展观重视应用科学，强调自然科学中实验性经验的研究方法，关注教师作为专业技术拥有者和实践者的专业素质层面。

然而，在人文主义哲学视域下，研究者进一步反思科学主义视域下把教师作为专业技术操作手的教师素质观，以及用一套可量化的外显教学技能指向教师发展的教师发展观，受叙事主义理论的影响，研究者承认基于教师个体经验和生活经历建构的教师个体实践知识和教师群体共识知识。同时，受反思主义理论的影响，研究者强调教师个人实践反思的合理性，承认教师具有反思实践能力。所以，对优秀教师素质的探究，人文主义视域下的教师教育研究者不能仅关注教师"外显"的教学技能，而应将教师作为完整的"人"来看待，强调发展教师的信念系统，明晰教师身份认同，强调培养教师运用专业知识和能力促进美好的社会重构趋向的人文主义教师教育……注重教师的经验基础、信念、态度与主观情感体验，以及这些因素在教学中所起的重要作用。可见，在人文主义视域下的教师素质和教师发展观重视教师实践以及教师反思，强调教师作为"人"的个体实践知识和情感体验在与学生互动交流中所发挥的重要教育功能，关注教师作为"人"的个体实践知识和情感体验的合理性与科学性。

随着这两种哲学思潮从对立走向融合，在教师教育领域也出现了两个重要趋向：一是在现象学理论指导下，强调研究者须走进教师生活的世界，以此为起点探究教师的生活经历和生活体验，以解决教师素质提升和教师专业发展等问题。二是采用这两种哲学思潮融合后的重要教师教育理论产物，探究教师专业知识和教师专业发展问题。首先，后期专业主义教师教育理论主张教师反思行动取向的教师专业成长观，研究者不应也不能仅关注教师是否掌握了学科专业知识和教育学一般理论知识，而应承认教师在教学情境中通过与学生互动交流所理解的理论性知识，以及建构的教师个体实践知识的合理性和科学性。因此，在后期专业主义教育理论指向下，优秀教师不仅掌握学科知识和一般教学理论，而且拥有丰富的个人实践知识。其次，建构主义教师教育理论强调教师发展促进者应努力促进教师在一定社会情境中个人与集体的学习，引导教师在真实情境和具体行动中建构知识的意义。同时，教师也要在真实的教学情境中，帮助学生将新知识与他们的生活经验和体验结合起来，去建构新知识。所以，在这一理论指向下，教师不再是工具性的知识传授者，而是帮助学生建构新知识的促进者和学生发展的促进者。因此，优秀教师应是反思性实践者，而不应仅是实证主义理论指向下的"教学技术员"。

在科学主义和人文主义哲学思潮相融合的趋势下，对优秀教师的研究，需视教师为一个完整的"人"，既关注优秀英语教师是一个优秀的"职业人"，又需将教师视为一个鲜活的"社会个体"。此外，科学主义和人文主义哲学思潮的融合趋势导致了一系列教育理论和教师教育理论的产生，这就要求研究者在探究教师素质和教师发展问题时，需采用交叉教育理论和教师教育理论。唯此，才能在合适的交叉理论视角下，比较客观地去探究在优秀英语教师素质的科研实践中所发现的事实"真相"，全面地探究优秀英语教师作为"全人"的教师素质特点，为学校其他学科教师的反思实践提供借鉴并引导教师的专业发展。

（二）国内外英语教师职业素养发展研究

1. 国外英语教师职业素养发展研究

外语教师专业发展研究，属应用语言学的二语教师教育，始于20世纪80年

第四章　当代英语教师职业素养培养的现状与建议

代中期，兴于20世纪90年代，研究领域广，采用定量、定性研究，尤以叙事研究、个案研究、教师行动研究为手段，主要讨论外语教师的专业属性及专业发展。

理论视角近30种，运用如教师反思理论、社会认知理论、社会建构主义、社会生态学、社会文化理论、情境学习理论、教师发展阶段理论等分析外语教师发展阶段和影响因素，探寻有效的教师发展模式。

早期受行为主义影响，探讨外语教师外显的专业技能及相应的教师培训模式，后转向重文化机制的人本因素，分析外语教师的内隐知识、信念、认知及对教学、教师发展和教育变革的影响，重视教师与社会的互动关系，讨论外语教师身份、专业学习能力、专业发展能力形成的社会过程，并探究有针对性的教师发展模式。

2. 国内英语教师职业素养发展研究

我国外语教师专业发展研究受国外外语教师教育研究的影响，始于20世纪末，兴于2005年后。以"教师专业发展"和"外语"为关键词，在CNKI上搜集相关核心期刊论文100余篇，常与"教师发展"通用。

理论视角近20种，多从社会建构主义、教师学习理论、教师发展阶段理论、社会认知主义、社会互动理论、情境学习理论、社会文化视角等分析外语教师发展内涵、发展阶段，探究影响因素，构筑本土化理论框架。

教师专业发展内涵与影响因素研究并重。教师发展内涵研究丰富，早期多以问卷、访谈等方法调研外语教师发展现状、优秀教师素质、职业发展模式等。近年来，趋向叙事研究、个案研究，聚焦探查外语教师成长环境，基于教学情境的反思实践能力、教学能力、教师学习、教师成长的社会互动过程等。教师专业发展内涵研究更加细化与深入。

在进行内涵研究的同时，发现教师发展受内、外因素影响，有自主性、社会情境性、动态性的特点。教师发展体现了教师的自在、自为、自觉，教师以自主意识为动力，基于知识建构和实践反思，不断学习、成长。

教师发展模式趋向教师专业学习共同体：基于以上研究结果，学界探究了诸多有效的教师发展模式。例如，在教学环境中构建教师实践群体、教师互动发展模式、教师专业学习共同体和反思性途径等，专业学习共同体作为教师发展机制，营造了群体文化，促使教师个人、集体学习和反思实践，能够使教师在分享与交流中不断提升专业知识。

第二节　当代英语教师职业素养培养的现状

一、政府方面

（一）政府缺乏专业培训支持政策

英语专业教师职业素养受到政策因素的影响，表现为英语专业教师缺乏专业培训。专业培训可以有助于教师提高教学能力和水平，但是无论是国家层面还是院校自身，在现实中都没有关注这方面的问题，在理论研究上，在政策制定上，没有很好地考虑英语专业教师的实际情况和切身利益，直接影响到教师的职业素养。

（二）社会机制不完善

社会因素也是造成目前教师职业素养不强的原因。目前部分教师安于现状，没有进一步提升自己的进取心，对于职业的敬畏心不强，这些心态出现也是由目前社会机制不够完善所造成的。

二、学校方面

（一）教师职业素质考核评价机制不健全

衡量教师职业素养是否满足扩招教学需求，需要建立完善的教师职业素质考核评价机制。目前，多数学校并未建立教师职业素养考核评价机制。多数学校对于教师任职资质的考核主要集中于教学工作量、教学技能及科研成果等几个方面，对于考核教师职业道德素养的重视度不够，导致部分教师为了评职称，将大部分时间与精力倾注于参加技能竞赛、申请课题与撰写论文等教学成果与科研成果的积累上，忽视了与学生的交流与沟通，忽视了对学生的培养，不重视自身职业道德素养的提升。

（二）为教师提供的参与校企合作及社会实践的平台较少

由于受到专业及公共课课程性质的限制，英语教师参与校企合作的机会少之又少，部分院校的英语教师在任职期间甚至从未参与过与企业的交流合作，从未有过走进企业进行挂职锻炼的经历，多数英语教师缺乏企业实践经验，动手实践能力较弱，无法满足学生多样化的学习需求。

三、教师方面

（一）对职业素养内涵认知缺乏深度，职业素养自我提升意识薄弱

提起教师职业素养内涵，部分英语教师对其理解仅局限于教学能力层面与专业知识储备层面，未能全面深入地认识教师职业素养内涵还包括教师职业教育思想素养及职业道德素养等多个层面。英语教师对职业素养内涵的认知缺乏深度，在自身具备教学能力与本专业知识的基础上，并未对自身职业教育思想素养与职业道德素养的提升给予足够的关注。部分教师职业素养自我提升意识薄弱。

（二）专业知识不扎实

有些英语教师的听、说、读、写、译的专业知识不扎实，经常在课堂上出现读错、写错和译错的现象。一些教师的教育教学能力偏低，缺乏实践指导知识和经验，致使教师所教、学生所学的理论知识和技能不能有机地结合起来。

第三节 当代英语教师职业素养培养的优化方案

一、通过学生视角构建英语教师素质体系

（一）学生视角下的优秀英语教师素质体系

学生视角下的优秀英语教师素质体系主要由教师高尚的道德素质、深厚的专业素养和鲜活的个人魅力三个维度构成，揭示了优秀英语教师在"为师"和"为人"层面的优秀特质与品格。

第一，在道德素质层面，优秀英语教师爱岗敬业，精心备课，精心批改学生作业；做到了治学严谨，对每一位学生负责，并严格要求学生；为学生传递"正能量"，成为他们人生道路上的榜样。

第二，在专业素养层面，优秀英语教师的专业基础扎实，英语发音标准，口

语流利；具有宽广的知识面，熟悉英语国家的文化与习俗，教学能力强；教学中勇于创新，保持学习激情，在专业知识方面成为学生的学习标杆，引导学生专业成长，成为学生的学业"引路人"。

第三，在个人魅力层面，优秀英语教师和蔼可亲，关心学生，与学生有朋友般的关系；尊重学生人格和个性差异，有很强的沟通能力，课下能够与学生进行平等的思想和情感交流；他们幽默风趣，充满活力与激情，以人格魅力吸引学生，成为学生的良师益友。

从学生视角构建的优秀英语教师素质的三个维度可以看出，英语教师是优秀"职业人"和具有个性魅力的"社会个体"的结合体。这些优秀教师在与学生共同组成的学习共同体内（包括课堂环境、学校环境和课外社会环境），通过与学生的沟通、互动和交流，不仅与学生分享了语言和人文知识，更为重要的是分享了他们对人生和异国文化的体验，体现了科学主义和人文主义哲学观融合过程中视教师为"全人"的教师教育观。

具体而言，在学生视角下，一名优秀的外语教师除了具备教师视角下"职业人"应具备的职业素养外，他们还是一个鲜活的"社会个体"。

另外，在教学能力上，优秀英语教师体现在教学目标、教学内容和教学模式三个维度上。

在教学目标上，优秀英语教师注重培养学生的语言交际能力、独立学习能力和思辨能力，使学生受益匪浅。

在教学内容上，优秀英语教师基于课本但又不囿于课本，能超越课本知识，将知识与学生实际生活、社会现象相联系，补充英语国家文化、习俗知识，并与教师的经历和见闻紧密结合。

在教学模式上，优秀英语教师善于创设轻松、活泼、开放的课堂氛围，注重师生互动交流，采用灵活多样和个性化的教学方法，充分挖掘了学生的个性潜力，激发了学生思维，鼓励学生独立思考，锻炼了他们的语言交际能力和独立思考能力。

（二）构建优秀英语教师素质体系

1. 教师层面

（1）教学能力

英语教师在其教学实践中，应多接触一些新的教学理念，多听一听来自学生的声音，要与时代共进，不应故步自封，要自觉地融入建设高素质、专业化、创

第四章　当代英语教师职业素养培养的现状与建议

新型教师队伍的时代洪流中。在现代教学观、社会建构主义理论、社会团体理论等多种理论指导下，以学生为中心，注重在教学目标、教学内容和教学模式三个方面提升教学能力。

英语教师应注重语言的交际性，培养学生的语言交际能力；还应超越语言教学本身，视英语教学为人文学科，在教学过程中培养学生的思辨能力和独立学习能力。

为了实现教学目标，教师的教学内容必须超越课本，及时补充与丰富教学内容。将新知识的讲解与学生原有的知识体系和生活经验、现实生活联系起来。通过教师的切身经历，帮助学生提高独立探究新知识、构建新知识的能力。

这就要求教师努力摆脱以课本为中心、以教师为中心的教学模式，将课堂教学延伸到广阔的社会实际生活中，营造轻松、活泼、开放的教学环境。教师要注重与学生进行思想、情感、语言的互动交流，通过沟通、交流以及灵活多样的教学方法和教学策略了解学生的需求和个性差异，做到因人施教、因材施教，从而有效地提高学生的语言交际能力、思辨能力和独立思考能力。

而教师要提升自己的教学能力，必须努力提高自己的专业素养，重点丰富自己的教育教学知识和英语学科专业知识，培养教育专业精神。在重视科研，努力成为"研究者"的同时，应首先成为教学能力强的"教学者"。唯此，学生才能在教师的引导下，通过独立探究、思辨创新和语言、情感交流，从被动接受语言知识的学生转变为主动探究语言真谛的行动者。

（2）个人素养

英语教师应努力提高个人魅力与素养，自觉完成从科学主义视野下的"工匠"向科学主义和人文主义融合下的"社会人"的蜕变。

（3）自我发展

教师应追求自我发展。教师要获得自我发展，不仅需要具有学生视角下的优秀英语教师的素质特点，更重要的是要了解自我，了解自己赖以生存的教学环境和社会环境，包括课堂环境、学校环境和社会环境。在完成自己的教学任务的基础上，明确自己生活的意义，这样才能真正领悟大学的实质，进而获得自我发展的内驱力。

为此，教师不仅应有作为"职业人"的职业素养，更重要的是要了解"自我"。在教师专业发展过程中，不仅要获得教学知能的发展，更要追求自我发展。

2. 学校层面

第一，构建外语教师教育体系。为更好地促进外语教师的专业发展，教育管理者和教师发展促进者在构建当今外语教师教育（含职前和在职）体系过程中，不仅要强调专业知识和教学能力培养，还要追求学校外语教师教学能力的提升。

第二，促进教师专业发展的内容和途径。教育管理者和教师发展促进者在考虑当前高等教育改革环境下提升教师专业素质，促进教师专业发展，建设高素质、专业化、创新型教师队伍时，应在教师作为"职业人"和"社会个体"两个层面上，探究促进教师专业发展的内容和途径。

因此，在教师专业发展的内容和途径上，教师专业发展促进者在帮助教师接受专业知识与技能的同时，应重点考虑如何引导教师提升自我，彰显个人魅力，激发教师自我发展的内驱力。

第三，教师专业学习共同体的建立与维系。无论是教育管理者还是教师发展促进者均意识到教师及其职业发展在教育改革和教学中的重要作用。所以，在当前高等教学改革环境中，各学校为实施教育改革、促进教师专业发展，要制定并实施严格的教师评价体系。在我国学校教育实践中，教育管理者和教师发展促进者应鼓励教师自发、自愿建立教师专业学习共同体，设法保护和维系这一共同体的发展。

第四，完善我国现行外语教师评价体系。在我国现行外语教师评价体系中，教师的职称评定、工资水平和相关的福利待遇等在很大程度上与教师的科研成果挂钩，即主要用简单的数量统计方法，根据教师所立科研课题的级别和多寡、发表论文的层次和数量来评价教师优秀与否，重科研、轻教学的现象比较普遍，在以科研为导向的教师评价体系的强力牵引下，教学的中心地位已经受到严重挑战。

在现行的教师评价体系中，教育管理者和教师发展促进者，应注重科研与教学的平衡，引导教师在教学方面的专业发展上下功夫，真正基于学生需求，为学生服务，"回归大学之道"，回到大学所应有的基本功能——教学功能。

为了体现学生对教学的反馈，促进外语教学，教师评价体系应建立在学生视角下优秀外语教师素质体系的两大维度上——教师的"职业性"特点和教师的"社会个体"特点，既要给学生提供机会评价教师作为"职业人"的职业道德层面、专业素养层面以及教师专业发展层面，又要让学生有机会评价教师作为"社会个体"的个性特点，特别是教师的个人魅力层面。唯此，当前的外语教师评价结果才能更为真实地反映学生的心声，从而真正激励并促进教师专业发展。

第四章 当代英语教师职业素养培养的现状与建议

二、提高英语教师的职业道德素养

（一）政府和学校方面

1. 加强新时代英语教师职业道德建设的思想引领

首先，加强优秀传统文化教育（即要加强教师对优秀传统文化的深入理解和充分认同），树立文化自觉自信，提高个人修养。"天下兴亡，匹夫有责"是古人对爱国主义精神的深刻阐释，众多大义凛然的英雄人物在国家危亡之际挺身而出、鞠躬尽瘁、死而后已，其强烈的爱国主义情怀和历史使命感能够唤醒广大教师为国育人的强烈责任感。这对英语教师正确处理个人与社会的利益关系具有深刻的启示意义，英语教师应明理信道、追求正义，努力将个人的追求与国家发展充分结合起来。

其次，英语教师要以仁爱之心构筑和谐的师生关系，充分彰显对学生的关怀与关爱。"四有好教师"的要求之一就是要有"仁爱之心"。英语教师要树立民主型管理者和关怀者的角色，既要尽心履行好教育职责，又要关怀学生的学业和人格。英语教师要树立以人为本的价值理念，营造宽松包容的育人氛围，从心理、价值观念、实践能力等多种角度引导学生积极健康成长。

最后，英语教师要以"海纳百川，有容乃大"的宽广胸怀善待他人，与同事建立良好的人际关系；通过"君子以自强不息"时刻警醒自己应坚持不懈、奋发向上，不断提升自身的专业水平与师德修养。

2. 营造崇尚优良教师职业道德的教育氛围

（1）形成尊师重教的社会舆论环境

舆论评价一方面既是按照特定的道德准则进行的，另一方面又创造出新的行为规范，制约、引导着人们的行为。舆论评价过程需依据道德规则，这样既能够引导人们树立一定的道德准则，也能在一定程度上规范人们的行为。通过弘扬尊师重教的传统美德，在社会中营造尊重知识、尊重人才的舆论氛围，为师德师风建设净化传播环境，提高社会对教师职业的认可度，进而激发广大教师将无限的潜能和足够的精力投入高等教育事业中，落实立德树人的根本任务。

营造尊师重教的社会舆论氛围，首先要充分尊重教师的人格与个性特点。学校及社会应充分肯定教师的劳动成果，激励教师不断创新实践教学，使其在筑牢专业知识的基础上，发挥自身特长，充分彰显人格魅力。人文氛围如春风化雨，可以陶冶教师的情操。学校可以利用节假日组织活动或提供符合纪律规定的福利，营造独特的人文关怀氛围。处于人文关怀氛围中的教师能够更好地积极奋进，发挥自身价值并影响带动其他师生向好的方向发展，形成良性循环。同时，学校领导要善于发现教师的特点与长处，为教师提供发挥自身潜力的机会。其次，要协调各方力量，积极塑造教师的正面形象，为促进师德师风建设建立长效发展机制。师德教育宣传工作在引导教师正确的发展方向、营造良好的育人氛围、激励凝聚各方力量等方面发挥重要作用。学校可以通过广泛应用新媒体，如社交、学习和休闲娱乐等平台宣传师德师风先进个人及其先进事迹，加强以师德师风为主题的文学作品和影音作品的创作与宣传，塑造教师在社会大众心目中的积极正面形象，强化社会对教师的尊崇与敬重，深化"尊师重教"的认识。最后，学校相关职能部门应全力为广大教师争取政策和资源，切实解决教师的后顾之忧，将职业道德建设与教师面临的实际问题相结合。学校的薪酬福利、岗位评聘、进修培训等都事关教师的切身利益，相关职能部门应提高这些方面的服务能力，将师德建设与提高服务质量结合起来，为师德师风建设创造良好环境。

（2）构建师生和谐的校园文化环境

校园环境是重要的隐性课程，蕴含着丰富的教育资源，具有重要的教育价道，集中反映了学校校风和校园文化精神。校园文化分为精神和物质两个层面，学风、教风、校风是在精神层面的反映，学校景观、建筑物等是物质层面氛围的反映。良好的校园文化氛围对师德的建设与培养具有潜移默化的作用。因此，注重有形文化的改造与无形文化的优化，有助于为教师在优良的氛围中进一步坚定理想信念，提高道德情操，促进科学素养与道德素质的提升。面对新时代、新形势、新要求，学校应立足于自身的办学目标，通过有序的校园规划，科学布局教学设施，进一步提升校园文化品牌、载体、设施的品质，建成高水平的校园文化体系。

首先，要以"崇尚科学精神、传播人文情怀"为价值追求，建成校风优良、教风严谨、学风勤勉的学术殿堂。为进一步强化校园文化环境建设，学校应坚持正确的舆论导向。在信息化快速发展的今天，学校应充分借助新媒体平台，以优秀典型的师德榜样为指引，积极引导教师学习，提高自身觉悟，树立崇高的职业理想，涵养高尚的道德情操，进一步促进良好师德师风的养成。

其次，要端正教风、学风建设。良好的教风与学风是通过学校全体师生的共同思想与行动塑造而成的，是学校全体成员素质的核心体现，是师生的精神旗帜，为构筑学校的长效发展机制提供了不竭动力。因此，学校应积极培养教师热爱教育事业，秉持"亲其师，信其道"的理念，与学生建立融洽和谐的人际关系，成为塑造学生良好品行的"大先生"。

第四章　当代英语教师职业素养培养的现状与建议

再次，教风与学风学德建设相辅相成，共同构筑和谐的校园文化建设。学校应通过优化管理，大力促进学风建设。学校各部门应以学生的成长成才为中心，建立各部门联动机制，各司其职，加强沟通协调，形成齐抓共管的多维管理体制。

最后，搭建意见反馈平台。教师在工作中所出现的问题与意见都可以在平台进行反映，学校应高度重视教师的意见，充分吸收合理反馈并给予及时解答，提升教师在工作中的幸福感与获得感。学校同时应为教师个人能力的提升提供更多的机会，例如组织教师参加一些学术研讨会等，提升教师的理论修养，拓宽教师视野。

（3）共筑师德建设的网络舆论空间

净化网络舆论空间环境，为学校师德建设发展提供和谐稳定的氛围。伴随着信息技术的不断升级与改造，传播平台建设越来越多元化，进一步促进了传播方式的不断变革与更新，对人们的思维方式等具有潜移默化的革新作用。因此，国家要特别注重加强网络环境的构建与治理。

（4）优化教师成长发展的工作环境

风清气正的社会生态也会反过来涵育优良师德，这就需要我们营造师德建设的良好环境氛围。学校应树立以人为本的理念，充分认识到环境氛围对教师潜移默化的引导作用，最大限度地发挥积极因素，避免消极因素，在社会营造优良师德师风的氛围。中共中央、国务院《关于全面深化新时代教师队伍建设改革的意见》中突出了师德的基本原则，将全面加强师德师风建设作为新时代加强教师队伍建设的重要举措。教师队伍整体素质对学校办学能力和水平起着关键性作用，教师队伍素质的考核应将师德师风标准放到首位，这关系到教师队伍整体的道德问题。因此，加强师德建设应以教师整体队伍素质的优化作为出发点与突破口，从而为师德师风的改造提供良好的工作氛围。

想要改善教师成长发展的工作环境，首先要改善制约教师创新与学习的不利环境。一些学校存在生态环境较为封闭的状况，教师的学习与提升主要通过同事之间的协作沟通，这使教师的创新能力得不到全面发展，对专业领域内的前沿知识掌握不足。因此，学校应进一步加强基础设施建设，为教师的专业发展提供良好的保障，与其他各学校加强沟通与联系，将经费向科研倾斜，为教师提供更多的培训机会。

一方面，学校应建立健全的激励机制，加强对教师的关怀，不断完善核心素养，使教师积极应对工作中的挫折，以积极向上的心态投入教书育人的实践过程

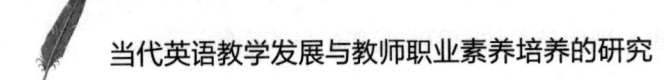

中。另一方面，学校应建立各专业教师的学习共同体进行学习交流，各学习组织通过推选德才兼备、治学严谨、学识渊博、经验丰富的教师担任组织者，在小组组建科研团体，聚焦专业前沿领域，提升科研能力与理论水平。在教育教学水平上，通过经验丰富的资深教师帮扶新进教师，在教学流程、教学环节上进行悉心指导，提高其教学能力。同时，通过开展教学竞赛等为教师之间的相互学习搭建沟通交流的平台，使教师可以共同钻研教育教学理论与规律；还可以在团队内部定期开展培训，让广大教师深刻领悟师德师风建设的深层次内涵，切实提高其思想、道德素养，优化作风建设，使师德规范成为全校师生所普遍认可的制度规范和践行的行为准则。

3. 构建系统高效的教师职业道德建设保障机制

（1）教师职业道德的组织领导机制

目前，我国高校实行"党委领导、校长负责"的管理模式，学校的思想阵线主要由党委负责。从管理部门职能配置的角度看，学校教师职业道德的管理和培养应实行"党委负责制"，加强学校党委对教师职业道德建设的领导，把教师职业道德建设纳入高校党建工作之中。此外，学校章程是大学内部的纲领性文件，它是具有一定法律效力的治校总纲领。要使教师职业道德建设真正落到实处，还应将教师职业道德管理培养的党委负责制纳入高校章程体系。

一方面，要制定学校教师职业道德培养的长远规划和具体措施，明确各级领导干部的责任。建立和健全教师职业道德培育工作领导责任制，形成"党委领导、分工明确、协调一致、整体推进"的工作新格局。将学校教师职业道德培育工作纳入领导干部年度工作报告和绩效考核机制，大力激发领导干部工作的积极性和实效性，加强教师职业道德培育的科学管理。通过完善制度建设，以教学科研为重点，促进教师职业道德建设，落实各项制度措施，提高教师整体素质。

另一方面，为了能更好地实现学校党委对教师职业道德培育的领导，将各项工作落实到实处，应建立或指定专门部门负责高校教师职业道德规划、评估、审查与监督等工作。例如：建立"师德部"或"教师发展中心"，建立教师职业道德发展档案管理系统，记录教师职业道德的发展情况，并将其列入年度高校师德评估工作。这种档案管理制度可以对学校师德建设形成制约，使他们自我反思、自我约束，纠正不良职业行为。

（2）学校教师职业道德的监督反馈机制

学校师德建设委员会负责贯彻执行教育部等国家部门的有关政策，研究制定学校教师职业道德建设总体规划，研究决定师德建设工作的重大事项；负责领导和指导二级院部职业道德建设领导小组开展工作。各二级院部和职能部门也必须共同参与到学校教师职业道德的培育与监督中来，如教务处对教师也有相应的考核制度和监督作用，要时刻关注教师的发展状况，以期待教师群体能够得到更好的发展。

除了各职能部门共同参与以外，教师职业道德的监督反馈机制还需吸纳教师、学生、家长等多元主体共同参与，以增强教师职业道德培育监督机制的合理性和科学性。此外，随着网络的快速发展，在互联网上建立教师职业道德的监督空间，加强检查和评估工作，鼓励社会各界来监督，也将是一种重要的监督方式。

（3）教师职业道德的考核评价机制

学校教师职业道德考核评价是指对教师的职业理想、职业态度、职业责任和职业技能进行全面、系统的评价。科学的评价指标和体系、完善合理的评价机制，可以促进广大学校教师形成对教师职业道德的统一认识。加强教师对教师职业道德观念或行为的关注，有助于促进教师在品德、能力、知识等方面的发展。明确教师职业道德培育的目的，是教师职业道德培育的动力源泉，能够激发教师遵守教师职业道德的自觉性和积极性。

学校应完善现有的教师职业道德发展评价机制。首先，教师职业道德评价机制必须实现制度化、常态化。学校应将教师职业道德的考评落实到日常的教学科研工作和生活中，以避免评价机制流于形式。要认真收集教师职业道德表现，将其作为教师年度考核、职称评审、评优奖励、岗位聘任的第一标准。至于评价结果，也要及时地反馈给本人，让他们认识到自己在哪些方面存在不足，便于自己有针对性地进行调整和改进。同时，考核指标要具体可行，以便可以逐一量化。例如，建立健全学校教师职业道德表现的考核档案，实行教师职业道德绩效一票否决制等。其次，教师职业道德评价要注重客观性，这就必须保证评价主体、评价标准、评价方法和评价过程的客观性。最后，考评形式上要多样化，坚持多渠道、多途径、多方法的多元化考评。评价主体也要尽量多元化，不应局限于专家、领导、同事的评价，还应有学生、本人、家长及有业务联系的合作单位等的评价。

（二）教师方面

教师职业道德的培养其实是一种自律行为，关键在于自己在工作实践中通过努力学习和实践来不断提升自身的职业道德素质。一是加强社会主义核心价值观理论学习，注意在理论学习过程中慎独、内省，确保对社会主义核心价值观的理解可以不断上升高度，给自己的言行举止提供思想指导。二是虚心向其他教师学习，自觉地与其他教师交流沟通。人与人之间的相互交流与沟通也是提升自身职业道德修养的重要途径。三是要正确对待批评。常言道："人非圣贤，孰能无过。"在实际的教育教学工作中，英语教师往往很难察觉自己的错误和缺点，即使有所察觉，也不一定能够有一个较为深刻的认识。所以其他人的批评，无论是来自领导、同事，还是来自学生，都能够帮助自己更好地认识到自身存在的不足，从而促进自身职业道德修养水平的提升。四是英语教师要在细微处下功夫，加强自我修养。良好的职业道德品质往往是一个逐步培养、日积月累的过程，是一个"积小善为大善"的过程，要做到"内化于心，外化于行"。所以英语教师在教育教学实践工作中要从细微处下功夫，要从具体的事做起，一步一步践行社会主义核心价值观和职业道德相关规范要求，并注意防微杜渐，不断纠正和克服有违社会主义核心价值观和职业道德的思想与行为。

三、提高英语教师专业能力水平

（一）不断更新学科专业知识，提高自身语言和文化素养

学科专业知识是教学的基础，教师应当树立终身学习的理念，不断更新专业知识。发展学生核心素养的新课程理念对教师提出了新的要求和挑战。要发展学生的核心素养，教师也应当具有相应的教学核心素养，不断提高自身语言能力和文化素养。

教师要引导学生学习，并在学生学习的过程中恰当补充学生欠缺的文化知识，起到引领者、支持者的作用。

教师可以通过自主学习、参加培训等方式，持续更新自己的学科专业知识。

（二）积累学科教学知识，立足教学实效

随着新课程改革的深入推进，对教师的学科教学知识水平也提出了更高要求。教师应深入研读教材，进行文本分析；整合资源，为学生提供恰当的输入材料；基于英语学习活动观，设计有层次、相关联的主题意义探究活动等。教师需要在教学实践中加强学习和研究，不断积累学科教学知识，提高教学实效，促进核心素养培养理念在教学实践中的落实。

提高学科教学知识主要有以下途径：自主学习阅读专业书籍，研究教科书及

第四章　当代英语教师职业素养培养的现状与建议

其他参考书，同伴互助交流，观课、集体备课等，专业发展活动，参加优质课、观摩课的听课和比赛，参加培训、课题研究，等等。

（三）加强实践与反思，促进专业可持续发展

为了有效地实施教学，教师需要正规教育之外的另类方式，如做中学、师徒制（共同做事）、示范和模仿、观察和反思、想象和类比等。

教师要在教学中把教学与研究有机结合起来，特别是通过合作开展行动研究，有目的地改进教学，在教学实践和反思过程中，实现个人专业化发展。因此，教师应结合核心素养的培养理念，基于核心素养培养中遇到的问题，通过合作开展行动研究的教学实践方式，探究解决问题的方法，反思解决效果，不断改进提升教学实践策略，助力学生核心素养的发展。

合作行动研究可以是教师同伴间的合作，也可以是作为指导教师的教师教育者与一线教师间的合作。与日常教学中教师零散地、独立地解决问题的过程不同，在合作行动研究过程中，作为指导教师的教师教育者会在教学实践及研究过程中全程陪伴教师们，按照发现问题—提出假设—验证假设—制定行动研究计划—实施研究计划—发现新问题—调整研究计划的行动研究模式，实施以教师为主体，基于教学实践的教学研究。行动研究强调解决教学实践的问题，因为解决教学中出现的实际问题最能激发教师的发展动力，而解决问题的过程本身既是教师学习的过程，也是促进学生发展及教师专业发展的过程。

合作行动研究总体实施步骤为：①发现教学问题：教学实践中有何困惑？②确定研究主题：教学实践的改进点是什么？③立足教学实践：采用哪些实践做法达成问题的解决？④教学效果分析：基于实证分析教学实践效果如何？⑤深度反思和梳理：取得理想教学效果的原因是什么？教师教育者可以从发现问题、确定研究点、制定研究计划、采取干预措施、收集一手资料、基于证据形成结论等方面给予教师协助和指导。

（四）建设教学团队，形成教研机制，开展教师间的合作与研究

教学团队建设在教学改革工作中起着重要作用。教研组是学校教学团队的基本形式。校本教研是提高教师解决实践教学问题能力、促进教师专业发展的有效途径。学校要组织好校本教研活动，形成有效的教研机制。因此，学校教研组可以通过组织实施主题式校本教研的形式，构建新型学习共同体，促进学校英语教师的专业发展以及学生英语学科核心素养的提升。

四、加强英语教师的信息素养培育

（一）政府应给予必要的资金支撑

随着社会的信息化，英语教师信息素养的提高也是大势所趋。而信息的提高是以大量的技术力量为支撑的，所以如果没有掌握基本的信息技术技能，教师信息素养的提高就无从谈起。政府应该深刻认识到这一点，在能力范围内尽量多的给予学校资金支持，用以购买先进的技术设备，以及聘请专业人士对教师进行基本的培训。

（二）学校应提供良好的信息环境

学校应该尽其所能地完善各种信息化设备，给教师提供一个良好的信息化环境。校方要有效利用政府的拨款，不断加大信息设备的投入力度，完善学校的硬件条件。比如，学校应该对多媒体、校园网等信息化设施的建设给予足够的重视，保证基本的信息设备质量，为英语教师的教学和信息素养培养提供良好的环境和有利条件。

（三）学校应利用校本培训提升教师的信息素养

校方应该在能力范围内多多组织教师接受正规的信息培训，制定合理的培训方案，形成良好、稳定的培训模式。

（四）教师应提高自身认识，自主创设条件

信息素养的提高不是一朝一夕就能完成的，需要时间和精力的支撑。所以，在巨大的教学任务的压力下，就需要英语教师提高自身对信息素养的认识程度，自主创设条件。

（五）教师应加强与其他教师的交流

为了能有效地提高自身信息素养的水平，交流是必不可少的方法之一。所以多与信息素养良好的教师进行交流，必将对自身的提高有好处。另外，平时要多留意哪些教师善于运用信息技术进行课堂教学，可以与其分享心得。

第五章 当代英语教学及教师职业的新发展

在经济全球化背景以及不断要求教学改革的时代环境下，英语教学和教师都面临着许多问题，要在新的环境下有所突破，需要结合实际环境不断创新。

第一节 德育渗透英语教学与教师的成长

立德树人当前已经成为教育教学工作最根本的任务，全员育人、全程育人以及全课程育人理念的提出要求每一个教师都要意识到自己肩上承担的育人使命和责任，积极参与到全员育人的体系中。高校英语教师要贯彻全员育人和全课程育人的需求，将德育渗透到英语教学中，充分发挥出英语学科的教育价值来引领学生的价值观念，培育学生良好的道德品质，形成大德育观。同时，教师本身经过"德育"的渗透也可以提升自己的职业道德修养，推动自身的成长。

一、德育渗透英语教学

（一）德育渗透英语教学的形式

要将德育元素渗透到英语教学中，教师就要准确把握德育元素的渗透形式。对于英语课程来说，其和思想政治理论课中的德育渗透方式有很大的不同，教师不能直接在英语课堂上长篇大论地呈现德育内容，也不能完全脱离英语教学内容来讲解德育方面的内容，而是要通过碎片化的方式将德育内容渗透到英语教学体系中。

英语学科是一门语言学科，而语言和文化之间有着密切的联系。语言和文化是共存的，在英语教学过程中，教师不仅要将英语的语言知识传授给学生，同时还应该将相关的文化知识传递给学生，而在这个过程中，就可以融入一些德育元

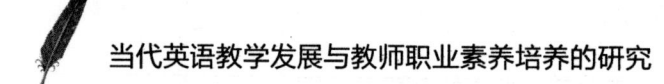

素。德育元素可以渗透在英语教学的各个模块中，比如词汇教学、语法教学、阅读教学以及听力教学等。

（二）德育渗透英语教学的必要性

1. 三全育人的需求

相关的部门指出，学校要真正落实立德树人的教育理念，形成全方位育人、全员育人和全程育人的局面。三全育人要求所有的教师都主动肩负起思想政治教育的职责和使命，并且各类学科都要发挥出育人价值。英语作为教育体系的一门基础课程，其跨度非常大、受众非常广，所以在英语教学中渗透德育能够很好地发挥出德育作用。英语教师作为一线的教育工作者，也应该深刻认识到自己肩上的职责，不仅要教书，还要育人，形成全员育人的局面。三全育人强调德育教育不仅仅是思想政治理论课和思想政治教师的职责。更是每一位教师的职责，将德育渗透到英语教学中，是落实三全育人理念的需求。

2. 素质教育的需求

我国的素质教育已经实施了非常长的时间。素质教育强调的是学生的全面发展，注重学生各方面素养和素质的提升。但是从以往的情况来看，虽然各个学校都在大喊素质教育的口号，但是在素质教育落实方面存在着不到位的情况。比如在教学过程中，各个学科的教师都将教学目标放在知识的传授上，但是忽视了学生的素质发展，对于英语学科来说也是一样的。而将德育渗透到英语教学中，就可以通过有效的德育来提升学生的素质，让学生形成良好的文化修养、道德品质，促进学生综合素质的发展。因此，在英语教学中渗透德育是实施素质教育的需求。

3. 高校学生个人发展的需求

在我国高等教育普及化的战略背景下，我国的大学生数量越来越多，大学毕业生面临着非常大的就业竞争，加强对学生的德育能够有效提升学生的道德素质水平，从而提高学生的就业竞争力。当前我国的社会环境越来越复杂，互联网也在不断发展，虽然互联网的出现给学生的学习提供了更多的便利，但是与此同时也给学生带来了一些不好的影响，学生容易受到互联网中不良思潮的影响，这对学生的个人发展非常不利。而在英语教学中渗透德育，能够助力学生养成正确的价值观念。因此，在英语教学中渗透德育是学生个人发展的需求。

（三）德育渗透英语教学的现状

虽然素质教育正在推进，德育教育理念也已经形成，但在实施阶段，依旧存在阻碍，主要表现为学生的德育观念不强。现阶段，受应试教育的影响，学生的目的较为明确，学习英语就是为了以后在岗位中可以实现价值，满足职业发展需求。为了满足学生这方面的迫切需求，教师会侧重知识的灌输，强调对技能的掌握，不断提高解题能力，几乎把全部的精力都放在了能力训练上，德育的渗透被忽视了，甚至有些教师存在理解上的偏差，认为德育的核心作用并不强，进而形成了"高分低品"现象。

（四）英语教学中德育渗透的策略

1. 深入挖掘教材中的德育元素

在英语教学中渗透德育教育要求教师要深入挖掘教材中的德育元素，在合适的时机来开展德育活动，发挥出德育的作用和价值。在教学过程中，教师需要以教材为基础来开展教学内容，设计教学活动，所以教师要深入研读教材，将教材中蕴含的德育元素挖掘出来，选择合适的德育渗透点来开展德育工作。教师要从英语学科和德育的相关点出发开展针对性的教学活动，并联系我国的科技、文化、教育等的发展情况来渗透德育，要能够真正打动学生的内心，让学生对教材中蕴含的德育知识产生深刻理解。英语教材中涉及很多的中西方文化，教师要挖掘出中西方文化差异方面的内容，适时渗透德育，引导学生认识我国的传统文化，提高学生对传统文化的了解和认知，并引领学生形成文化自信，提升学生的民族自豪感。

2. 构建和谐民主的教学氛围来渗透德育

要提高德育渗透的效果，就要求教师在教学过程中给学生营造良好的教学氛围，让学生能够身心放松，主动参与到知识的建构中，增强学生的情感体验，为德育渗透提供良好的环境。

构建和谐民主的教学氛围，要求教师改变传统的教学观念，不能按照以往将知识直接灌输给学生的方式来开展教学，而是要引导学生自主参与到学习活动中，所以教师在上课时要营造愉悦的氛围，采用轻松的口吻和学生对话，让学生的身心得到放松。

另外，在教学过程中，教师可以采用学生比较感兴趣的教学手段，比如合作学习、情境教学、角色扮演等，以学生感兴趣的教学手段开展教学，将德育渗透到课堂教学中，这样学生才能够深入体验和感受德育内容，接受德育教育。课堂教学注重的是学生的体验和感悟，直接将知识灌输给学生反而难以取得理想的教学效果，渗透德育内容也是如此。教师一定要构建民主、和谐的课堂氛围，让学生在英语课堂上能够感到放松,此时教师再渗透德育内容,学生才能主动去体验和感受,发挥出德育渗透的价值。

3. 采用多样化的教学方式来渗透德育

在英语教学中渗透德育,还要求教师采用多样化的教学手段。比如教师可以组织学生对阅读文本中蕴含的德育内容进行深入分析,在交流讨论中领悟文本揭示的道理,实现德育渗透。又比如,教师可以在课堂教学中针对德育方面的内容来引出一个议题,引导学生围绕这个议题展开讨论或者辩论,在讨论和辩论的过程中受到影响。此外,教师还可以将德育渗透到英语实践活动中,比如鼓励学生围绕德育相关主题来写一篇作文,鼓励学生积极发表自己的观点和想法。教师还可以开展英语演讲比赛,比如可以以"中国传统文化"为主题,引导学生使用英语来介绍中国的传统文化,鼓励学生搜集相关的资料,完成演讲稿,通过这样的活动来增强学生对传统文化的认同,实现德育。总之,教师要采取多样化的教学手段来渗透德育,通过多种途径和多种方式来渗透德育,这样才能取得良好的效果。

4. 教师要发挥好自身的榜样作用

德育是一个比较漫长的过程,学生的道德修养、文化修养以及爱国情怀等的培养都是漫长的过程,这就需要教师做好打持久战的准备。教师在教学过程中不仅能够通过授课的内容来影响学生,同时教师自己的言行也能够潜移默化地影响学生,所以要想在英语课堂中提高德育渗透的效率,教师还要给学生树立良好的榜样。比如教师在教学过程中渗透德育教育,让学生增强对中华传统文化的认知,形成文化自信,那么教师在平时的教学过程中,就要表现出对中华民族传统文化的热爱之情,这样才能打动学生。教师的行为习惯、人格、道德修养等会在平时的教学中显露出来,进而影响学生,所以教师自己一定要时刻注意自己的形象,规范自己的言行,做到言传身教。教师在学校内部一定要遵守社会公德,表现出良好的道德修养,从身边的小事出发来影响和熏陶学生,提升德育的实效性。

二、德育渗透英语教师的成长

(一) 德性对教师的影响

教师的德性直接关系到教育实践活动,关系到人类能否从教育中获得足够促使自身不断完善的内在利益。因此,教师自己如何看待"教师"这一职业的性质、如何从事自己的职业、如何看待自身的发展以及发展什么、如何发展等，都是至关重要的。稳定的价值逻辑对教师的思维和行为具有一定的、潜在的强制性，它左右着教师的情感认同、工作态度、努力方向、工作方式和人际关系等。合于德性是教师发展的正当的价值逻辑，它引领教师追求高尚的道德境界。

（二）德育影响英语教师的发展

学校是教师事业发展和教师个人成长的主要场所。教师只有在学校中切实实现自己教书育人的职责，教师的技能和作用才有地方施展，教师的能力才能得到提高。

教师的人生乐趣和最大幸福不仅来自教育与教学活动的实现，而且来自对于他人和社会的贡献，来自个人价值与社会价值的实现。教师在教育他人的过程中，也在不断地发展自己和完善自己，增强教师的道德责任感和使命感，提高自己的道德水平和人生境界。

第二节　课程思政与英语教学及教师发展的结合

一、课程思政概述

（一）课程思政的含义

课程思政是指将学校各类专业课程和思想政治理论课程相互联系，形成协同效应，把"立德树人"作为教育基本任务的一种综合性教育理念。学者们在研究过程中一致认为，课程思政理念的实施有利于提升高校思想政治理论课的教学效果，有利于提升高校学生的思想道德水平，有利于创新高校专业课程教学方法。课程思政的主要形式是将思想政治教育元素，包括思想政治教育的理论知识、价值理念以及精神追求等融入各门课程之中，潜移默化地对学生的思想意识和行为举止产生影响。

鉴于以上关于课程思政理念的定义，可将课程思政理念界定为在马克思关于人的全面发展理论基础下，将高校的专业基础课作为育人载体，把思想政治教育元素渗透在高校专业基础课教学活动中的育人理念和实践活动。

(二) 课程思政发展的三个阶段

课程思政的实质就是将思政内容与课程教学融合升华,通过全方面、多角度对学生的启发与指导,使其在潜移默化之中将思政内容和先进文化牢记于心,真正形成全员、全程、全方位的育人格局,使各类课程与思政课程同向同行。根据高校课程思政工作推进的思路和方向,课程思政的发展可以分为三个阶段:课程思政堆砌式发展阶段、课程思政嵌入式发展阶段、课程思政融合式发展阶段。

1. 课程思政堆砌式发展阶段

在课程思政的概念提出伊始,高校对课程思政的课堂实施缺乏具体思路,对课程思政的认识还较为模糊。很多人对课程思政的理解还停留在"将思政内容带到专业课的课堂来讲"的程度,就像是堆砌积木,思政内容和专业课内容界限分明,课堂教学时间被思政内容"切"成许多块,"孤岛化、碎片化、空泛化"较为明显。在此阶段,仅仅是将思政内容"任务式"地添加到教学之中,不仅没有对课堂教学产生正面效果,还容易使学生的课堂学习不连贯、知识掌握不完整。在堆砌式发展阶段,课程思政与授课内容的融合程度很低,为了达到思政的目的,教师往往直接将党的先进思想、理论等以知识点的形式教授给学生。如此,课程思政非但没有达到"潜移默化、立德树人"的效果,还会影响到基本的授课质量。堆砌式是课程思政的初始阶段,在这个阶段,最重要的是建立课程思政的长效保障机制。要将课程思政作为学校的重点工作常抓不懈,建立一系列激励机制,激发教师参与课程思政改革实践的积极性和自觉性。同时要明确课程思政的主要目的和预期效果,给教师树立清晰的目标和课堂设计思路,修订和完善课程评价体系,让课程思政有据可依、有理可循。

2. 课程思政嵌入式发展阶段

在课程思政基本框架和思路逐渐完善之后,课程思政的发展就从堆砌式进入了嵌入式发展阶段。嵌入式发展阶段最典型的特征就是课堂教学的完整性和流畅性得到了很好的保留,思政内容作为类似主板插件的"拓展式外接"内容,与课堂教学之间通过较为顺滑的方式衔接在一起。在这一阶段,课程思政正式作为课堂教学的一部分发挥作用,其作用发挥的程度取决于思政切入点与切出点的衔接是否流畅、是否符合逻辑。在嵌入式发展阶段,课程思政作为课堂教学的一部分对课程内容的提升产生正面影响。对于建设较为成熟的课程来说,课程思政的加入不会让学生产生突兀感,反而会成为长时间课堂知识教学的"调节器",使课堂教学张弛有度,有效提高学生的学习效率。同时,教师在教学过程中实施课程思政得到学生的正面反馈后，会在很大程度上引发教师对思政的思考，提高其参与思政、建设思政的积极性。但此阶段的思政内容仍是相对独立的部分，去除思政部分也不会对整个课堂教学产生影响，如果在此基础上将课堂教学与课程思政进一步融合，将会进入课程思政的第三阶段。

3. 课程思政融合式发展阶段

顾名思义，融合式发展阶段的特征在于融合二字，在此阶段的课程思政如同盐溶于水，存在于课堂的每一个角落，思政内容与知识传授相辅相成，真正实现了"1+1>2"的效果。思政内容有了课程知识体系作为依托变得更有说服力，课程内容有了思政的总结升华则变得立意更高。课程思政融合式发展的关键在于春风化雨、润物无声。如果课程思政的开展拘泥于固定的形式，那么思政内容作为附加品很容易让学生忘记，生硬的思政展开也会使思政效果大打折扣。经过对一门课程进行综合备课与充分讨论，教师要选择最贴合本课程的思政点切入，将思政内容真正作为课程的一部分融入授课过程中。此时的课程思政已经没有固定形式，时事热点点评、师生的交流互动，甚至教师的一举一动、一言一行皆是思政，言传身教与个人魅力的作用得到充分发挥。

（三）课程思政发展的问题和挑战

1. 从理论到制度机制的挑战

（1）理论体系建设之难：理论逻辑的科学建构与历史逻辑的系统厘清

作为课程思政的立身之本和源头活水，理论体系的建设至关重要。科学建构课程思政理论逻辑、系统深入厘清其历史逻辑，是课程思政理论体系建设的基础性工作。

第一，课程思政理论体系的系统构建。直面课程思政背后的理论之问，以巨大的勇气解决课程思政理论问题，形成课程思政专属的理论框架，需要进一步构建课程思政理论逻辑、多维度厘清课程思政与其他育人活动的关系、深度探明思政融入课程的内在逻辑及运行机理、建立"课程思政特色"的课程与教学体系。

第二，系统厘清课程思政的历史逻辑。历史逻辑是理论逻辑之基，同时检验着理论逻辑的科学性、合理性，推动理论逻辑的发展。因此，必须深入、系统厘清课程思政的历史逻辑，即系统探析课程思政源头、明晰课程思政演进路线、总结各发展阶段的经验与教训、明晰课程思政的未来发展趋势。

第三，丰富课程思政研究体系。范式的贫乏制约了课程思政研究，尤其是实证研究的缺乏，导致课程思政建设的基本问题难以得到科学回应，例如，课程思政建设效能、课程与教学改革的科学性、基于学生"增值"的课程思政效能评价、"同向同行"的有效性，等等。而细分维度的实践问题的解决更有赖于实证研究，例如，教师与学生的课程思政观、课程思政与学生思想发展的关系、课程思政教学方法的有效性，等等。实际上，由于缺乏实证支持，既有研究的说服力不强，难以为实践提供有力支持。

（2）规范体系建设之难：课程思政标准体系的开发、检验、优化

课程思政标准体系可分为通用型标准和学科专业类标准，前者立足宏观管理视角，后者站位学科专业的课程思政设计与实施视角。无论哪一类标准的开发、检验与优化，都极为繁杂。

第一，通用型课程思政建设标准与制度研发。这一类标准主要立足于管理，聚焦课程思政建设的组织与支持体系、教师素养、课程与教材建设、学生发展、课堂教学等维度。同时，必须围绕这一标准体系构建相应的评价制度机制。值得注意的是，不同类型的高校、不同培养层次的标准体系与制度机制都有所不同。

第二，形成系统学科专业课程思政标准体系与制度机制。就目前的进展而言，除同济大学、华东师范大学推出个别学科专业的课程思政教学指南外，绝大部分高校的学科专业大类课程思政教学指南尚未推出，这对课程思政的实践推进产生了消极影响——无标准可依导致课程思政建设规范性不足、统一性缺失。开发这一标准体系和构建相关制度，需要通过专业学会、跨校合作开展，客观上增加了操作难度。

第三，具体课程标准、操作指南和手册的开发与完善迫在眉睫。未来亟需形成针对不同大类课程群的课程思政手册，为课程思政教学提供方向性指导；建立具体课程的课程思政实施指南，确保课程思政的课程建设与教学活动具有"课程思政性"而不至于被"思政课程化"。

（3）合作推进之难："同向同行"框架体系的系统设计与完善

课程思政是对立德树人内涵的丰富和格局的创新。在这一新格局中，课程思政必然要与思政课程、学生日常思想政治教育"协同育人"，要求各种育人活动以"化学反应"的方式形成育人合力（避免产生内耗）。

第一，同向同行的机制尚未建成，"化学反应"难以发生。要想产生"化学反应"，育人主体必须基于学科专业的人才培养目标，在科学制度机制下，从课程、教学、资源建设、教师发展等维度开展常态化、实质化的互动和协作，这种协作应该深入课程开发、教学大纲研发、思政教学内容开发、教学设计与实施、学生发展评价等基本教学活动之中。目前，实质意义上的"协同"或"同向同行"

第五章 当代英语教学及教师职业的新发展

并未实现,"化学反应"尚未形成,课程思政在某种意义上仍是学科专业及教师的"分内之事"。因此,有必要构建协同平台、形成协同机制、明晰协同方式、确立协同内容与维度,进而推动产生"化学反应",构建课程思政与其他育人方式之间"同向同行"的格局。

第二,"同向同行"主体间的合作仍未进入实质性和常态化阶段。即使建立科学的"同向同行"制度机制,仍需要课程思政教师、思政教师以及其他育人主体之间开展常态、深入、有效的协同。因此,基于立德树人要求,依据人才培养方案,围绕教育教学各环节和具体教育教学活动,开展基于科学评价的循证式高效协同,才是根本所在。推动数支育人队伍之间"化学反应"的协同,无疑是未来努力的方向,同时也是一个难点。

第三,育人效果的"切割"以及基于评价的反思与改进问题。"协同育人"的常态化、高效开展,需要科学的评价机制作为保障。科学地对育人效果进行"切割",在于进一步明确各主体的育人能效以及存在的问题,进而推动基于反思的改进和优化。换言之,"切割"是为了更好地协同,"切割"不清会产生模糊效应和依赖、推诿等问题,客观上不利于各主体的功效发挥和科学合作。

2. 当前课程思政建设问题透视

课程思政建设面临的问题是课程思政建设创新的焦点,也是课程思政实践的起点。课程思政建设要深化、优化,应坚持以问题为导向,抓住课程思政建设的核心,牵住其建设的"牛鼻子",进而在理论创新中,促使其走向科学化。课程思政在各高校不断推进的背景下,其当务之急是破解主要问题,就当前课程思政建设整体状况来说,集中在以下几个方面。

(1) 课程思政理念认同问题

整体来看,课程思政建设基本还处于探索期,还没有形成可复制、可操作的建设模式。对"什么是课程思政及怎样建设"的问题,高校领导层没有达成共识,对课程思政的建设也持观望的态度;部分专业课教师的课程思政育人意识不强,教学过程中重知识传授轻价值引导;部分学生倾向于看重专业知识和能力的作用,于是将专业知识学习和政治思想理论学习区别对待,思想政治理论教育喊起来很重要,做起来不重要的现象仍然存在,课程思政理念的落实任重道远。

(2) 课程思政协同推进问题

①专业课教师同思政教师缺乏沟通。高校的专业课教师缺乏思政教育经验,同时也缺乏相关思政专业背景知识,课程思政建设需要高校为思想政治教育的专业教师和各类专业课教师建立共同备课的机制。

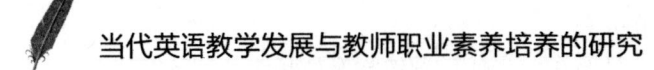

②专业课程与思政课程缺乏融会贯通。各类专业课程都有各自的具体教学目标，因而会出现"各自为政、互不干涉"的现象。各类专业课教学与思政课教学之间没有实现"共鸣"、无法协同推进，课程思政育人效果难以达到理想水平。

（3）课程思政资源挖掘问题

课程思政实施过程是各类教学资源的挖掘、积累和整合的过程。在这一过程中，各项课程思政资源被开发利用，各种资源要素被整合提炼。因而，提升课程思政教育实效性的一个重要前提是挖掘和整合课程思政教育资源。在专业课教学中，课程思政的资源是具有"隐蔽性"的，专业课之所以成为专业课，是因为其有专业课的知识体系和教学体系。因学科理论背景不同，专业课程所呈现的课程思政教育资源也是零散的、有限的、隐蔽的。课程思政实践中，专业课教师不能主观地、生硬地"嫁接"或盲目地"灌输"课程思政的内容，否则会破坏专业教学目标。这就需要教师在教学实践中从专业课的视角出发，进行思想政治理论知识的"渗透"，这是课程思政的挑战所在。课程思政教育资源是否挖掘充分、精准提炼、充分融合，必然关系到课程思政建设是否能有效开展。

（4）课程思政制度体系的完善问题

完善的课程思政制度体系是构建课程思政系统的重要组成部分，也是必须有的制度保障。没有完善的体制机制，高校课程思政建设就"无据可依、无章可循"，因而高校要完善涵盖"管理机制、运行机制、评价机制"等的一整套制度保障体系，为推动课程思政建设全面有效地进行，提供有力的支撑。

（四）课程思政发展的具体思路

一门真正的"金课"需要同时具备"广度、深度和温度"。课程思政从最初的堆砌式发展阶段到嵌入式发展阶段，再到融合式发展阶段，每个阶段面临的困难和解决的重点问题都有所不同。

1. 梳理课程特点，深挖思政元素

在课程思政建设之初，寻找入手点往往是最耗费时间的，如何将课程思政与授课内容相结合，主要取决于课程的主要特点。教研室要充分发挥集体备课优势，选择一门建设较为完善的课程作为试点课程，选拔有丰富教学经验的教师成立课程思政建设研究小组，对课程教学计划、教案、教材等进行研读，充分分析和总结课程特点，深挖课程授课脉络中隐藏的思政点并将其融入实际授课当中检验效果，将发现的问题带回到集体备课中解决，形成有效的闭关反馈机制。

在具体实施过程中首先要确立课程思政目标，一门课的思政目标不能过于分

第五章　当代英语教学及教师职业的新发展

散,学生对烦杂无序的思政内容记忆性很弱。在选择思政内容时首先要有针对性和系统性,对同一类型的思政反复讲授才能起到更好的效果。其次要选择贴近学生的思政元素种类,高校可选择的思政元素种类很多,如社会主义核心价值观、中华优秀传统文化、时事热点话题等贴近生活实际、有事例支撑的思政元素,如习近平总书记的重要讲话精神、党的重要会议精神、党的发展历程等政治理论类思政元素,再如工匠精神、名人典故、专业发展史、诗词鉴赏等历史文学类思政元素。最后在广泛挖掘思政元素之后还要进行归纳总结,建立课程思政资源库,将不同类型的思政内容归纳分类以备后用,将思政资源库整合后作为常备教学文书的一部分,不断地更新、发展和建设下去。

2. 明确专业核心,打磨思政设计

经过最初的思政元素挖掘后,课程思政建设逐渐步入正轨,思政元素的深入挖掘就成为困扰高校思政工作推进的另一个难题。不同的课程对思政元素的选择是不同的,在思政元素的选择上就要围绕专业核心展开,在思政内容上要有一定取舍,并非好的思政内容一定就要用于每一门课的教学,选择与专业核心相适应的思政元素取得的效果更加理想。在实际教学过程中,最重要的是选择好思政的切入与切出点。巧妙的思政切入点设计能使课程授课更加流畅,提高思政内容与授课内容的融合程度,从而提高思政实例的说服力。思政内容的切入要合情合理,与正在讲授的课程内容有联系,不能生搬硬套。在课程思政展开后要进行总结升华,在对思政内容进行解读的同时逐渐联系专业内容,重新回归到课堂授课中,形成切入、展开、升华、回归的四步思政理念,增强课程思政与专业内容的紧密联系。在思政时长方面,单次的思政时间不应过长,过长的思政容易喧宾夺主,分散学生的注意力,对专业内容的学习有弊无利。

3. 提高思政系统性,形成长时记忆

在思政建设逐渐成熟后,高校应将重点放在优化思政内容上。由于在思政建设过程中,首先要解决的是思政内容有无的问题,教师往往将能挖掘到的优秀思政元素统统用到课程授课中去。但杂乱无章的思政内容会对学生的记忆起到反面作用,不仅不利于思政的开展,更会对专业学习产生负面影响。而一门课如果可以将思政内容系统化,通过不断地强化记忆使学生更完整地记住思政内容,就能有效增强思政的效果。

根据艾宾浩斯的遗忘曲线理论,人对新知识的遗忘在学习之后就开始了,遗忘的进程并不是匀速的,最初遗忘速度很快,以后逐渐缓慢,所以经常性的复习对有效记忆非常重要。换言之,人对新学到的知识会形成长达数个小时的"短时记忆",并且随着时间的推移会遗忘大部分内容。而通过对新知识反复的复习就能使"短时记忆"变为"长时记忆",从而延长思政内容在学生脑海中的停留时间。在课程思政的设计中,可以以一门或几门课为单位,将古今名著、名人诗词、重要讲话精神、党史军史等分专题进行课程思政。在一堂课中,间隔20分钟左右进行一次同专题的思政教育,重点强化学生对思政内容的记忆程度。这样在一堂课结束后,学生对思政内容的记忆效果将显著提高。

二、大学英语教学融入课程思政

(一)大学英语教学践行课程思政的意义

1. 回应培养时代新人的内在需要

践行大学英语教学课程思政突破了过去将思政教育局限于思想政治理论课的观点,更推动了大学英语课堂育人主渠道的作用。充分理解课程思政,用好课堂教学主渠道,对于高校坚持社会主义办学方向、确保育人工作贯穿教育教学全过程、实现立德树人的根本任务等方面有着重要的实践意义。

2. 有助于思政理论课的教学效果

思想政治工作融入课堂教学主要还是体现在思政理论课上,但这一类课的课时少,常出现理论枯燥、课堂出勤率低等情况,使得课堂教学效果差。课程思政理念的提出,对改进当前思政理论课的教学效果起到了很好的促进作用,不仅有助于全体教师深入理解全过程、全员育人,还有助于有效挖掘大学英语课程的思政元素,形成协同育人机制,使学生完善自己的人格、形成正确的价值观。

(二)大学英语教学中融入课程思政的可行性

1. 大学英语课程能够发挥"引领思想、立德树人"功能

除了提高级别和发展级别的通用英语课程之外,大学英语还包括英语公选课,而英语公选课又包括专门用途英语和跨文化交际。专门用途英语指的是与学生的专业方向或职业目标密切关联的英语。专门用途英语课程本身就具有很强的针对性,旨在满足学生的求知欲望,帮助学生提高创业、创新意识和科研精神。同时,专门用途英语的教学内容也会涉及我国在工学、农学、医学等各个学科或领域发展的前沿动态,这能很好地激发学生爱国、知国、忧国、报国的情怀。跨文化交际课程的目标是培养学生的跨文化交际意识与能力,引导学生用批判的眼光对比、分析中西方文化的异同,并把自身学习、探究过的理论知识合理运用于实践。

2. 大学英语公选课蕴含丰富的课程思政元素

大学英语很多特色课具有较强的开放性和多样性，各高校通常都会基于大学英语教学指南的要求，按照其自身的学科专业特点和人才培养方案灵活、合理开设。常规的大学英语特色课既包含语言基础与技能类课程，如"大学英语语法""大学英语四级阅读与写作"，也包括跨文化交际类课程，如"跨文化交际""英诗欣赏""中国文化英语说"，还有专门用途英语，如"计算机英语""农业英语"等。这些课程都包含比较丰富的"课程思政"元素。只要教师能够科学地"勘探""采掘""冶炼"和"加工"，它们都能成为大学生价值引领的良好素材。

以"大学英语语法"为例，这门课程的教学目标是帮助非英语专业学生加深对英语语言规律的认识，进而提升学生语言素材积累的效率以及实际运用英语的能力。由于语法课程内容比较专业和单一，因此教学中容易陷入平淡甚至枯燥的境地。实际上，英语语法的学习必然涉及中英两种语言的对比和差异分析。在讲授过程中，教师既要实事求是地讲解英语语言相对严密的句法逻辑，也应该剖析汉语文化的深厚底蕴。这样有利于增强学生的文化自信，使他们树立正确的价值观。

3. 大学英语教师能够担当思政教育的引领角色

角色是个体在一定的社会关系中的特定地位，是社会对个体的期待以及个体行为模式的综合表现。而教师角色是指与教师地位、身份相一致的一整套权利、义务和行为模式，是社会和群体对于教师行为的期待。除了为学生"授业、解惑"之外，教师的根本任务就是为学生"传道"，引领学生成为社会主义的建设者、民族精神的守护者和科学技术的探索者。

（三）课程思政融入大学英语教学的策略

1. 明确大学英语这一公共基础课程的育人目标

思政教育理念是具有连续性和系统性，不能仅局限于专业知识的学习，需要通过思政育人的目标融汇到教学当中，争取能让这门课的任课教师参与到育人过程之中，将教书育人内涵落实于课堂教学主渠道，使知识传授与价值引领相结合，让学生在学到专业知识的同时坚定理想信念、加强品德修养、厚植爱国主义情怀。

大学英语课程应贯彻党的教育方针，以帮助学生牢固树立正确的人生观、价值观和世界观，实现立德树人目标，坚持思政育人，全面提高人才培养质量。

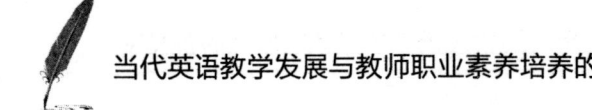

2. 实施多元化、思政化评价体系，优化教学评价

课程思政的评价要围绕教师、学生、教学内容和教学方法等方面，实施多元化、全方位评价，以保证评价的科学性、客观性和全面性。大学英语课程思政的教学有时会涉及思想意识形态方面，教师要引导学生树立正确的价值观，可以通过建立思政档案的方式，将学生的学习表现记录下来。学生表现体现为完成作业、小组表演或课上做值日报告等形式，对于涉及思政教育的环节，形成纸质文档存储，以便进行评价。教师可以让学生进行自评和互评，然后再进行点评和总结。因此，为突出对学生思想意识形态方面的评价，任课教师要采取全方位、多元化评价。

在实施评价的过程中，大学英语教师需要根据评价主体的不同而有所侧重，体现不同的视角，以保证评价的科学性和全面性。教师应将课程教学评价、学习效果评价从单一的评价维度向多维度延伸，全方位评价学生的学习态度、学习习惯和学习方法。与此同时，大学英语教师还要对学生进行思政化的教学评价，育人在教师教学过程中居首要地位，应将正确的价值观渗透到教学全过程。大学英语课程中具有丰富的人文内涵，任课教师应该在注重学生学习英语知识的同时，提高学生的人文素养，真正实施多元化和思政化评价体系。

3. 构建优质资源共享平台，创新教学模式

通过"课内+课外"和"线上+线下"两结合，将社会主义核心价值观等思政元素潜移默化地浸入学生及授课者的意识之中，有助于学生树立道路自信、理论自信、制度自信和文化自信。"互联网+"时代背景下，新媒体具有即时性和互动性，大学英语课程可利用这一优势打破线下课堂教学的时间和空间的局限，任课教师通过改变学生的学习方式和学习空间，整合并共享优质教学资料库、在线课程等资源，让学生进行线上学习，从而弥补课堂时空紧张的缺陷。另外，教师可以根据学生的专业特色和行业要求，挖掘培养符合该专业领域的职业精神的思政元素，讲述代表性人物事迹，传递职业精神。对学生进行针对性的价值观教育，让思政教育真正做到入耳、入脑、入心，这样既能提高学生的英语综合能力，也能塑造他们的职业道德意识。

三、课程思政与英语教师的发展

（一）英语教师课程思政教学融入的现状

"课程思政"教学水平滞后是外语"课程思政"的突出问题。外语"课程思政"水平滞后主要表现在以下方面：

①对"课程思政"中的"思政"理解不到位。目前,很多外语教师对"课程思政"的理解存在一些问题,例如,不能充分理解"思政"一词的内涵和范围,导致无法在专业课程设计中准确提炼思政元素。

②教材、教学大纲和教学方法滞后。现阶段使用的教材大都是以西方文化为主线编撰而成的,缺乏相应的中国元素;课程教学大纲重育人轻立德,重知识轻素养,重结果轻过程;教师在备课过程中过分依赖教材,教学准备和教学设计中没有挖掘教材中的中国文化、爱国主义等元素,也没有补充与中国文化相关的教学内容,更谈不上用批判的眼光审视中西文化。教师上课使用的课件都是出版社赠送课件,讲课方式千篇一律,填鸭式灌输普遍存在,缺乏创新和想象。

③"课程思政"教学研讨重形式轻内容。外语教师针对"课程思政"开展的教学研讨远远不够,即便开展了这方面的教学研讨,大都停留于形式,并无实质内容。

④为"课程思政"而思政。为应付学校"课程思政"教学要求,将与教学课程或教学主题无关的思政内容强行植入课堂,无法做到"课程思政"的无痕融入,结果与立德树人的育人宗旨越行越远。

(二)英语教师缺乏"课程思政"意识的原因

1. 外语"课程思政"的引导缺位

立德树人是高等院校育人的根本宗旨,然而,在很长一段历史时期内,教育工作者对立德树人的认知顺序似乎是树人立德,与此同时,高校思想政治教育主要依赖思想政治理论课,而其他类课程,尤其是专业课程较少关注思想政治教育。久而久之,形成了思想政治课程和其他课程各行其是的平行线模式,各耕各地,各守各渠,没有交集,这种模式导致专业教师的"课程思政"意识淡薄,甚至"课程思政"理念缺位。专业教师主观断定大学生的思想政治教育与专业课程无关,与专业教师无关,那应该是思想政治教师和辅导员的工作。拿外语专业来说,专业教师缺乏对专业课程思政教育作用的关注。究其原因,这与专业教师对外语专业教育的认识密不可分,外语专业教育的"工具性"与"人文性"之争由来已久。拿大学英语课程来说,包括大学英语教师在内的部分群体对大学英语教学的认识存在误区,他/她们过度强调大学英语教学的"工具性",而对其"人文性"缄口不提,或只是蜻蜓点水式的"点到为止"。他们认为开设大学英语课程的目的是为学生提供一种语言工具,是帮助提升学生的语言技能。重树人轻立德的倾向和对外语教学认识的偏颇是导致高校外语教师"课程思政"教学能力低下的历史原因。

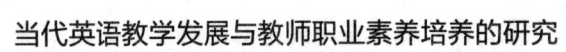

2. 思想观念的偏离

高校英语教师群体有其自身的特殊性，很多英语教师都有海外学习经历。外语专业学习使她们长期接触外语语言文化和思想观念。英语教师由于自身长期沉浸在英语国家的思想文化中，难免受西式文化影响，忽视了自身母语文化的学习。高校外语教师要树立正确的文化观，这是大学英语"课程思政"的前提。

3. 对中国优秀传统文化的疏离

文化疏离感是指处于交叉文化背景中的个体因文化差异而对母语文化和主流文化产生的分离感、孤立感、被控感、不和谐感和非卷入感等消极的情感。在经济全球化和文化多元化语境下，语言学生更强调多元文化共生，强调求同存异，尊重异质文化。事实上，文化尊重的表象下隐藏着外语教师对中国优秀传统文化的疏离。英语教师既是外语学生，又是外语教学工作者。作为外语学生，他们长期接触西方文化，是西方文化的热衷者，热衷于效仿西方文化潮流。作为外语教学工作者，部分教师的家国情怀意识淡薄，中国传统文化素养贫乏，欠缺积极向上的文化人格和文化自信。对中国优秀传统文化的疏离制约了外语教师"课程思政"能力的提升。

（三）提高英语教师课程思政能力的建议

1. 学校方面

高校实施大学英语课程思政，要求任课教师在思想上有育人的认识，还应有育人的能力。教师是推进课程思政的关键要素，必须认真学习习近平总书记在全国高校思想政治工作会议上的讲话精神和在全国学校思政课教师座谈会上的讲话精神。高校要注重开展包括大学英语教师在内的全体教师的日常培训和指导，将育德意识与能力建设落实到各个环节，在政治学习、新教师入职培训、教学督导随堂听课、各类教学竞赛等方面引导教师担负起育人责任。教师不但要传授好课本知识，还要做好学生成长的指导者和引路人。

2. 教师本身

（1）牢筑思想政治素养

思想是有效行动的基础和内在驱动力，行动是思想的体现。思想政治素养是高校外语教师切实提升"课程思政"教学能力的灵魂引导。高校外语教师要真正从思想根源上认识到"课程思政"在立德树人过程中的重要性，要变被动接受学校教学要求为主动探索外语"课程思政"的有效模式，将自上而下的行政命令变

第五章　当代英语教学及教师职业的新发展

成自下而上的主观意愿，真正做到思想与行动的统一。除了主观上的重视外，精准把握思想政治教育元素也是思想政治素养的重要体现。

（2）夯实专业素养

对其他素养的强调并不是弱化专业素养的作用。不管在任何时候，外语教师的专业素养永远是最基本的，是一切教学工作的基础。教师的核心专业素养包括专业知识、专业态度与专业技能。外语教师的专业素养体现在外语专业知识、教学能力、科研能力和持续突破自我四个方面。

科研能力能提升高校教师专业知识，丰富教师专业精神，提高教师教学能力和形成自我专业特色，因此也要提高教师的科研能力。

（3）培育优秀的传统文化素养

外语教师除了要具备扎实的专业基础，还要涉猎中国传统文化，坚持阅读，坚持从阅读中发现、总结并深入理解中国传统文化。只有这样才能树立"课程思政"的自信心，打牢育人基础，锤炼育人本领，为中国特色社会主义建设源源不断地培养合格的建设者和可靠的接班人。目前，嘴上谈论"课程思政"而内心缺乏自信和底气的外语教师比比皆是。培育优秀的传统文化素养是提高外语教师"课程思政"教学能力的关键。

培育外语教师优秀的传统文化素养，首先，要深深信仰中华民族的优秀传统文化。世上种种，唯有信仰不可辜负。信仰的力量深入骨髓，优秀的传统文化是中华文化的精髓，是每位外语教师必不可少的信仰。其次，要积极主动地学习和积累丰富的传统文化。中国优秀传统文化源远流长，内涵丰富，博大精深。承载中国优秀传统文化的载体很多，如古文、诗、词、曲、赋、戏曲、建筑、艺术等。外语教师可以通过阅读文化典籍深化对中国传统文化的理解，这些典籍有《论语》《韩非子》《大学》《中庸》《道德经》《孙子兵法》《周易》《史记》《红楼梦》《水浒传》等。久而久之，优秀的中国传统文化会逐渐融入个人知识体系，成为个人气质的一部分。最后，外语教师还应该具备将存储的传统文化知识转化为实际教学能力的能力。外语教师将自己储备的传统文化知识灵活植入教学，将优秀的文化观念传递给大学生，培养他们对民族文化的自信心和自豪感，最终成长为对社会主义建设有用的新时代人才。

（4）提升信息素养

新时期外语"课程思政"教学要求教师不断提升自己的信息素养。信息技术正在实现与教育教学改革的深度融合。信息素养也随之成为衡量教师综合素质的重要指标。"课程思政"教学能力的提升与信息素养的高低密切相关。外语教师

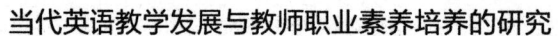

要注重对自身信息能力的培养和提升，掌握基本的教学技能。课程教学本来就是一个非常复杂的过程，要在课堂教学、专业教学中实现思政，过程更复杂，技术含量更高。首先，外语教师要有积极主动的信息意识，紧跟时代步伐，实时更新教学理念。其次，线上教学和线下教学的混合式教学能力是信息素养高低的重要体现。外语教师要不断提升线上线下相结合的混合教学能力。

第三节 "互联网+"背景下英语教师的机遇和挑战

一、互联网信息技术在英语教学中的实践和研究

（一）技术支撑的英语教学形式与特征

互联网技术从早期Web1.0静态、只读性的信息检索网站发展到Web3.0阶段便携、个性化的技术，日益呈现出便捷、互动、个性和智能的特点。技术的迅猛发展也为教学带来以下几类便利：①记录、存档、索引，便于检索和获取资源；②链接，随时链接各类资源，改变传统的理解和学习模式；③时间控制，设置任务时间和监控学生反馈时间；④转化，将资源在文本、图片、音视频等各种模态间转化；⑤评判，提供自动评分、语音识别等功能。将技术优势与英语教学相结合，一方面促进英语教学范式的革新，另一方面有助于增强英语教学的各个环节。

信息技术从大型主机发展到移动数字设备，创造出资源丰富多样、互动便利频繁的外语教学环境，对英语教学范式产生了影响。技术支撑的英语教学呈现出四个发展阶段：第一阶段为20世纪70年代至80年代，主要采用语法－翻译法和听说法，计算机主要提供反复操练、练习、辅导解释以及纠正性反馈的功能；第二阶段为20世纪80年代至90年代，主要采用交际教学，个人电脑逐渐普及，为英语教学提供语言输入及分析型、推理型任务；第三阶段为20世纪90年代至21世纪初，多媒体及互联网技术发展，服务于基于内容的教学法和专门用途及学术英语教学；第四阶段主要指21世纪以来，虚拟技术、移动设备等发展迅猛，英语教学注重交际及知识共建，技术为人们参与交际以及构建新知识提供了空间和环境。信息化环境下的英语教学向着创造性、互动性、合作式、泛在式和个性化等方向发展。

第五章 当代英语教学及教师职业的新发展

信息技术还融入英语教学的各个环节，改变了教学的特点、方式和途径，尤其突出的是技术在语言输入、互动及合作学习、语言输出、语言测试等环节产生的作用。

第一，技术增强语言输入。从内容上，各类技术手段结合互联网可为学生提供高质量、真实的语言输入。从形式上，可通过突出显示和重复出现等方式强调某些语言特征，引起学生的注意；可通过改变信息模态、增加母语翻译或英语注释、调整内容难易度等方式对语言输入进行修改和阐释。

第二，技术促成互动和合作学习。以计算机为媒介的交流拓宽了英语学习的时空边界，丰富了互动形式。

第三，技术支持语言输出。网络交流已然成为人们生活中的一部分，通过网络平台进行英语输出也是外语学生会面临的一种真实语言交际情境。学生在技术支撑的环境下进行语言输出时，可以有时间进行规划思考，有机会纠正语言输出，还可以便利地获取资源，为自己提供支架，语言输出的形式也比在传统课堂上更为多样。

第四，技术用于语言测试。用技术来支撑语言测试具有两大显著特点：其一，多模态测试形式有利于增强情境和互动的真实性；其二，可记录测试时间和测验对象的答题行为，尤其是计算机自适应测试，能根据答题人的表现自动调整测试项目的难易度，与传统纸笔测试的形式和顺序有很大差异。

同时，新的技术手段全方位渗透到英语教学中，对英语教师的知识结构、角色转变和情感认知也提出了挑战。在教师知识层面，随着信息技术与教育的不断发展，信息化环境下教师应有的能力已不能简单通过"学科知识"来说明。在学科教学知识理论基础之上，有学者将教学学科内容知识、教学法知识和技术知识整合，提出了整合技术的学科教学知识，即教师在特定环境中使用技术并进行有效教学的知识。这就要求教师不仅要掌握使用信息技术工具的技能，还要批判性地认识技术的利弊，与具体教学情境相结合，真正使得技术服务于英语教学。在技术支撑的英语教学中，教师担当的角色也区别于传统英语教学坏境。教师需要激励和支持学生在信息化环境中的语言学习，必要时提供技术支撑，承担起监督、激励、语言指导和社会支持四重角色。在情感认知层面，教师的教学理念和对技术的理解会影响他们的信息化英语教学实践，因此教师还需要不断反思、调整、更新自己的教学理念、对技术利弊的认识和态度、对信息化教学环境下自身功能和定位的解读。

为迎接多变复杂的创新型和智慧型时代的来临，应对大数据及科技发展、国家战略发展和知识社会对人才资源的需求,我国不断推进英语教育教学改革。英语教师应与时俱进,将信息技术深度融入教学中,提高信息化教学能力,转变旧的思想观念、更新教育理念、教学方式、学习方式等,努力提高自身素质,积极主动应对各种挑战。

(二)技术支撑的英语教学研究

信息技术与英语教学相结合创造了丰富的学习情境和学习活动,不仅对师生信息化教与学的素养提出要求,也影响了二语习得研究的视角和方法。网络环境中的互动形式丰富多样,语言运用真实、杂乱、难以预测,不易通过实验控制来研究,需要更多样的理论视角来解读信息化教学情境下复杂的学习数据。同时,虚拟空间、网络资源和各种技术手段也影响二语习得研究中的数据收集和对研究结果的阐释。因此,未来技术支撑的英语教学研究需要关注以下几个方面:

第一,提升师生的信息化英语教学素养。鉴于技术对外语教学领域的影响,外语教师需要积极拓展知识和技能以评估、适应和采纳新兴技术,学生需要掌握多语世界基本的技术知识和技能,在语言学习中有效且批判性地使用和评估各类技术工具。

第二,构建信息技术支撑的外语教学理论。理论发挥着黏合剂的作用,如何构建适切的理论与框架,如何促进教育技术与外语教学的深度融合,是值得探讨的问题。技术支撑的外语教学具有跨学科性,很多技术专家不懂语言教学,而语言教学研究专家和语言教师不精通技术,这就需要一个中介来调节三者的关系,而理论则能够将三者联系起来。

第三,研究信息化英语教学情境下的语言习得。技术支撑的英语教学所产生的语言学习数据具有三大突出特点:①包含网络人际互动和人机互动两个类别,区别于传统模式;②涵盖学生学习过程和采用技术进行学习的具体行为,从学生的文字、语音、表情到肢体动作,数据类型丰富;③呈现为音视频、文本、图片等多种模态。通过描述和分析这类数据,研究者可探究网络互动与面对面互动的异同、互动模式和对象的改变对学生互动带来的变化、学生的技术操作与学习任务之间的关联等。而对于这类学习数据的分析和评估也应区别于传统教学环境下的语言学习。其一,技术支撑的英语教学的目标可能多种多样,除了提升语言能力,还可能包含提升跨文化意识、增强技术运用能力的目标。其二,由于技术往往只是整个英语教学过程中的一个部分,用来提供语言输入、操练机会和交流平台等,而某项语言知识的积累和技能的提升是一个复杂过程,牵涉到诸多因素,因此评价技术支撑的英语教学效果不应以语言学习结果为导向，而应看是否促成了理想的学习过程。简言之，技术的存在促使英语学习产生新型数据，也为英语教学研究提供了强有力的工具，是未来研究值得关注的焦点。

二、"互联网+"给英语教师带来的机遇

"互联网+"时代背景下，一线英语教师必须要转变教学理念，转变教学方式，转变教师在课堂中的地位和作用，改变传统的教学模式。互联网教育技术的发展带来了很多好的平台，使英语教师拥有更多、更好的教育资源，随时随地都可以获取海量的知识。

第一，在新型的课堂教学模式下，教师的角色从知识的传授者转变为引导者和促进者，教师和学生不再是师生关系，而是互相帮助、互相学习，一起合作成长的朋友关系。教师帮助学生养成自主学习的好习惯，促进小组合作的学习，引领学生积极思考，注重学生思维品质的培养。

第二，教师要从开发课程转变为理解课程。互联网技术的普及，教师获取课程资源再也不是只研究书本教材或教参，而是可以从互联网上搜索到海量的知识或参考资料。这就要求教师要善于利用网络媒体，筛选自己需要的知识或资源并且合理利用，恰当地将自己获取的资源运用到课堂中。

第三，"互联网+"时代，信息技术的发展使得学生的信息素养极高，教师如果不学习便跟不上学生的成长速度，教不了学生。所以，作为教师，我们要树立终身学习的意识，不断地吸取先进的教学理念，学习优秀的教学方式，使用先进的教学手段，提高自己的教学能力。教师要积极拥抱互联网，尝试新的教学模式，使教学变为线上与线下相结合的形式，做到因材施教。

三、"互联网+"给英语教师带来的挑战

（一）教学理念改变的挑战

信息技术的发展使得人们的学习方式有所改变，人们可以随时随地进行学习，突破了时间上和空间上的限制，这种变化带来的不光是技术上的变革，还影响了教育思维和教育的观念，教师可以自由选择使用线上还是线下或者两者结合的教学模式。学生和教师的互动性增加，同时学生与学生之间的互动也更加频繁，知识的传授更加开放，因此英语教师面临着教学理念改变的挑战。

(二) 教师角色改变的挑战

"互联网+"的到来使得传统的教学环境也发生了改变,传统的教学一直都是在封闭的教室内进行的,现在只要有网络,就可以随时随地开启教学,课堂不再受到时空的限制,教师的角色发生了变化。原来那种单一的教学模式逐步向多元化发展,学生的学习需求是目前要考虑的因素。教师从知识的传授者向引导者过渡,原来教师更多的是组织和领导学生进行学习,现在更多的是协调学生的各种学习的关系。

(三) 教学方式转变的挑战

教师的舞台发生了改变,由过去的三尺讲台转向了屏幕。近年来,不断兴起的慕课、微课、翻转课堂,就是教学与信息技术深度融合的体现,这些新的多模态教学方式的应用,可以使学生生动、立体、形象地学习各种英语知识,因而,就要求教师在备课过程中,应从不同的角色、环境、模态等考虑整个课程,这对英语教师的教学思想、教学内容、教学策略、教学设计、教学思维、教学能力、教学手段等提出了挑战。

(四) 知识基础改变的挑战

在传统的教育时期,学习资源比较单一,一般是教科书或图书等有限的纸质资源,而在"互联网+"时代,多种模态教学手段的运用,给大学英语教学注入了新鲜的活力。面对丰富的网上资源,教师要具有获取、整合、提炼出更为优质、更加新颖的教学资源的能力,这就要求教师不仅要具备扎实的专业基础知识,还要具备掌握先进的信息技术应用的能力,同时还应将自身的专业知识融入现代信息元素中。

参考文献

[1] 胡开宝,谢丽欣. 我国大学英语教学的未来发展方向研究[J]. 外语界,2014,(3):12-19.

[2] 孔德亮. 大学英语教学的动力机制构建:研究现状与理论思考[J]. 外语界,2014,(5):67-75.

[3] 崔艳辉,王轶. 翻转课堂及其在大学英语教学中的应用[J]. 中国电化教育,2014,(11):116-121.

[4] 黄琳. 中国大学英语教学研究三十年发展状况分析(1983—2012)[J]. 外语界,2014,(6):57-65.

[5] 谢晴. "产出导向法"在大学商务英语教学中的应用研究[J]. 中国ESP研究,2020,(4):53-60.

[6] 朱毅,陈世润. 高职英语教学中的思政教育体系构建研究[J]. 职教论坛,2017,(32):26-30.

[7] 刘海霞. "互联网+"背景下行业英语教学资源建设的研究[J]. 中国职业技术教育,2017,(2):58-63.

[8] 马一宁. 新时代提高教师职业素养的必要性[J]. 贵州教育,2018,(19):15-17.

[9] 马欣研,朱益明,薛峰. 教师信息素养分析框架构建与应用研究[J]. 开放教育研究,2019,25(3):92-102. 陶涛. 大学英语教学有效性问题研究[D]. 武汉:华中师范大学,2015.

[10] 王静. 我国高校外语教育信息化政策发展研究[D]. 上海:上海外国语大学,2018.

[11] 马琴. 大学英语个性化教学研究[D]. 重庆:西南大学,2017.

[12] 张文娟. "产出导向法"应用于大学英语教学之行动研究[D]. 北京:北京外国语大学,2017.

[13] 桂杉杉. 信息化环境下高职英语教学现状及应用探析[D]. 武汉：华中师范大学，2015.

[14] 汪火焰. 基于跨文化交际的大学英语教学模式研究[D]. 武汉：华中科技大学，2012.

[15] 冯新华. 大学英语教师个人通识教育信念研究[D]. 上海：上海外国语大学，2012.

[16] 丁仁仑. 大学英语教师信念系统研究[D]. 上海：上海外国语大学，2014.

[17] 朱水萍. 教师伦理：现实样态与未来重构[D]. 南京：南京师范大学，2014.

[18] 何晓斓. 引导智慧生成的大学英语教育研究[D]. 长沙：湖南师范大学，2014.

[19] 程娟. 基于网络教学平台的高职大学英语教学改革研究[D]. 南昌：江西农业大学，2015.

[20] 张元元. "互联网+"时代的英语教学：机遇、挑战与应对[D]. 镇江：江苏大学，2019.

[21] 周雪梅. 高中英语教学中德育渗透的现状调查[D]. 济南：山东师范大学，2013.

[22] 程林. 互联网背景下的初中英语教学改革的策略研究[D]. 苏州：苏州大学，2017.

[23] 玄兆丹. 积极心理学在初中英语教学中的应用研究[D]. 石家庄：河北师范大学，2015.

[24] 王燕. 高师生教师职业素养观的初步研究[D]. 重庆：重庆师范大学，2012.

[25] 焦雅婷. 高中思想政治课教师职业素养提升路径研究[D]. 天水：天水师范学院，2020.

[26] 许烨. 当代高校教师职业伦理及其建构研究[D]. 长沙：湖南大学，2014.